Katrin Grieco · Dietmar Reichert
Gestrandet in der Wüste

SCM

Stiftung Christliche Medien

SCM ist ein Imprint der SCM Verlagsgruppe,
die zur Stiftung Christliche Medien gehört, einer gemeinnützigen Stiftung,
die sich für die Förderung und Verbreitung christlicher Bücher,
Zeitschriften, Filme und Musik einsetzt.

MIX
Papier | Fördert
gute Waldnutzung
FSC® C084279

Illustrationen und Gestaltung: Dietmar Reichert, Dormagen
Druck und Bindung: Print Consult GmbH
Printed in Slowakia
ISBN 978-3-417-28990-9
Bestell-Nr. 228.990

Katrin Grieco · Dietmar Reichert

Gestrandet in der
WÜSTE

SCM

 **Katrin Grieco** ist Sozialpädagogin und liebt Kinderbücher, lesen und schreiben. Sie war als Kinder- und Jugendreferentin und für ein religionspädagogisches Institut im Einsatz, schreibt Bücher und entwickelt Material für Kindergottesdienste, um biblische Geschichten für Kleine lebendig werden zu lassen.

Mit ihrem Mann, einem Pastor der Kinder- und Jugendarbeit, und den beiden Töchtern lebt sie in Süddeutschland.

Dietmar Reichert arbeitet als freiberuflicher Grafik-Designer im Rheinland.

INHALT

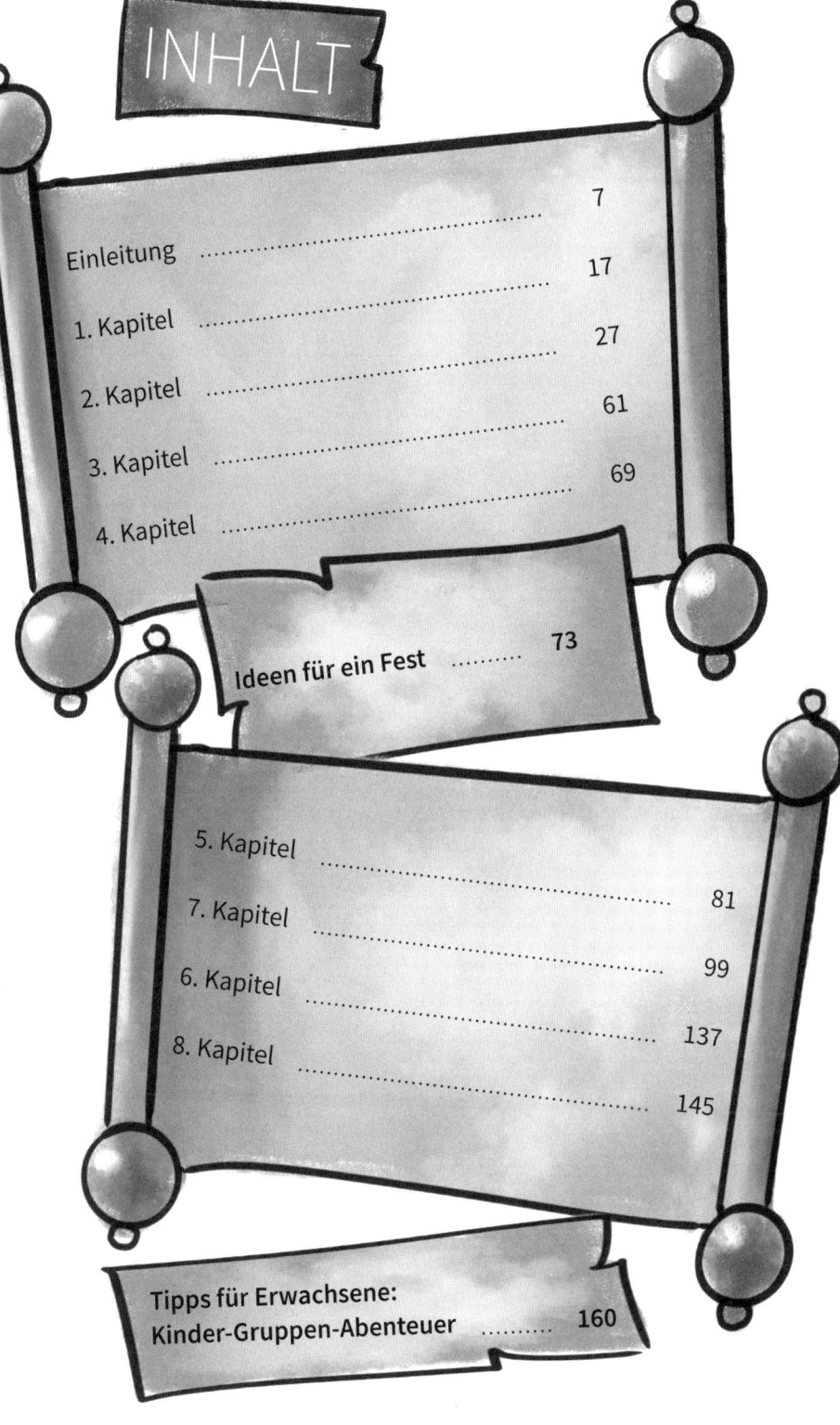

EINLEITUNG,

in der du dich in diesem Buch
zurechtfindest und erste rätselhafte
Abenteuer in einer fremden Welt bestehst.

Schön, dass du da bist! Du bist inmitten von heißem Sand und steinigem Wüstenboden gelandet. Dieses Plakat zu einer ägyptischen Ausstellung im Museum ist das letzte, an das du dich erinnern kannst.

Bist du bereit, das Abenteuer in diesem Buch anzupacken und einer fremden Zeit zu entkommen? Dann male dich selbst in den Türrahmen!

Sehr gut. Du bist bereit für den Aufbruch und das Abenteuer, das dich auf den nächsten Seiten erwartet.

In diesem Buch geht es manchmal ganz schön wild zu und du springst mal nach hinten und dann wieder nach vorne. Damit du dich auch nach kleinen Verschnaufpausen noch zurechtfindest, kannst du die nächste Seite in ein Eck-Lesezeichen verwandeln!

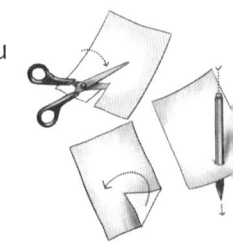

Also schnapp dir Stifte und eine Schere und los geht's!

Wie bitte? Du würdest niemals ein Buch zerschneiden, Seiten herausreißen, falten oder knicken? Das solltest du aber mit diesem Buch ausnahmsweise tun, wenn du das Abenteuer gut überstehen willst. Vielleicht magst du dir auch noch miträtselnde Familienmitglieder, Freundinnen oder Freunde dazuholen?

Achtung! Bitte schneide in diesem Buch immer nur an gestrichelten Linien! Alle anderen Linien darfst du nicht einschneiden. Gepunktete Linien werden gefaltet.

‑ ‑ ‑ ‑ ‑ gestrichelte Linie = schneiden
⋯⋯⋯⋯ gepunktete Linie = falten

Gestrandet in der WÜSTE

Schneide das Lesezeichen an der gestrichelten Schnittlinie aus. Lege es so vor dich, dass du die Zahlen gut lesen kannst. Du siehst keine Zahlen? Dann schau mal auf der Rückseite nach!

Falte die linke Ecke (1) entlang der gepunkteten Linie nach unten.

Falte danach die rechte Ecke (2) entlang der gepunkteten Linie nach unten und klapp sie direkt wieder auf.

Nun streiche Klebstoff auf die graue Fläche, falte die rechte Ecke wieder nach unten und klebe sie fest.

Und fertig ist deine Pyramide, die du natürlich noch mit passenden Farben anmalen kannst. Sie zeigt dir ab sofort an, ab welcher Seite es nach einer Lesepause weitergehen soll.

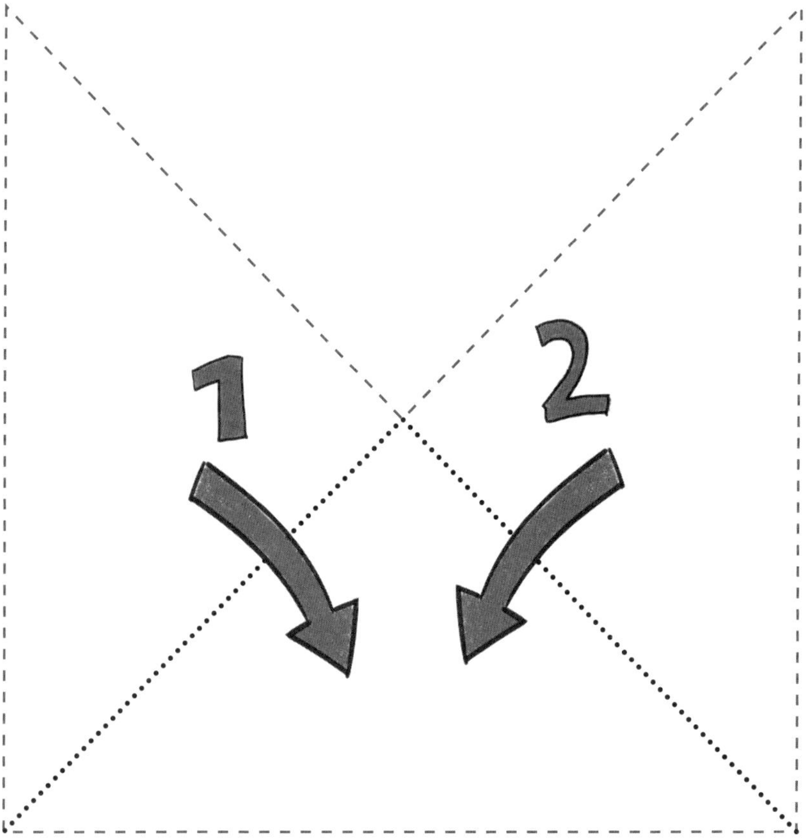

Dein Pyramiden-Lesezeichen ist bereit? Klasse! Dann hast du schon mal einen ersten Hinweis auf die Zeit und den Ort, an dem du in diesem Buch feststeckst. Aber damit bist du nicht allein! Du wirst schon bald einige Personen kennenlernen, die auch nicht freiwillig in dieser Geschichte sind. Sie würden sich gerne auf den Weg in ein besseres Zuhause machen. Du willst dabei sein? Dann ist es wichtig, den Hinweisen und Anweisungen zu folgen. Schließlich willst auch du den dickköpfigen Pharaonen und wüsten Gefahren in dieser Gegend entkommen!

Sollte es dir einmal zu schwierig erscheinen, findest du auf unterschiedlichen Seiten Tipps und Lösungen, die dir weiterhelfen.

Jetzt hast du schon gelernt, dass hier manches etwas anders abläuft als in anderen Büchern. Für den nächsten Satz wird rückwärts gelesen. Beginne bei dem Pfeil!

!sol tkerid tsgnirps uD !retiew reih thcin tztej tsel uD
.nhezreiv etieS uz erettälb nuN !nesel uz tfirhcS eseid
,tsriw neffahcs tug se ud ssad ,etssuw hcI ⬅

Tipp: Sollte das Rückwärtslesen zu kompliziert sein, versuche doch, ob es helfen könnte, die Buchstaben rückwärts abzuschreiben und dann zu lesen!

Wieder zurück von S. 14? Super! Jetzt bist du gut für dein Escape-Abenteuer im alten Ägypten vorbereitet!

Übrigens: Wenn du vor lauter Wüstensand und -staub keine Anweisung zur nächsten Seitenzahl siehst, dann kannst du wie in einem gewöhnlichen Buch blättern und weiterlesen.

Nun wüsstest du sicher gern, mit wem du es in diesem Buch zu tun hast. Du wirst auf mächtige ägyptische Pharaonen treffen. So ungefähr sah ein Thronsaal im Königspalast aus. Klapp die Seite an der gestrichelten Linie um und du siehst, wer neben dem Pharao nicht fehlen durfte.

Hast du den Diener entdeckt? Er fächelt dem Pharao Luft zu und dadurch wirst du auf S. 15 gewirbelt.

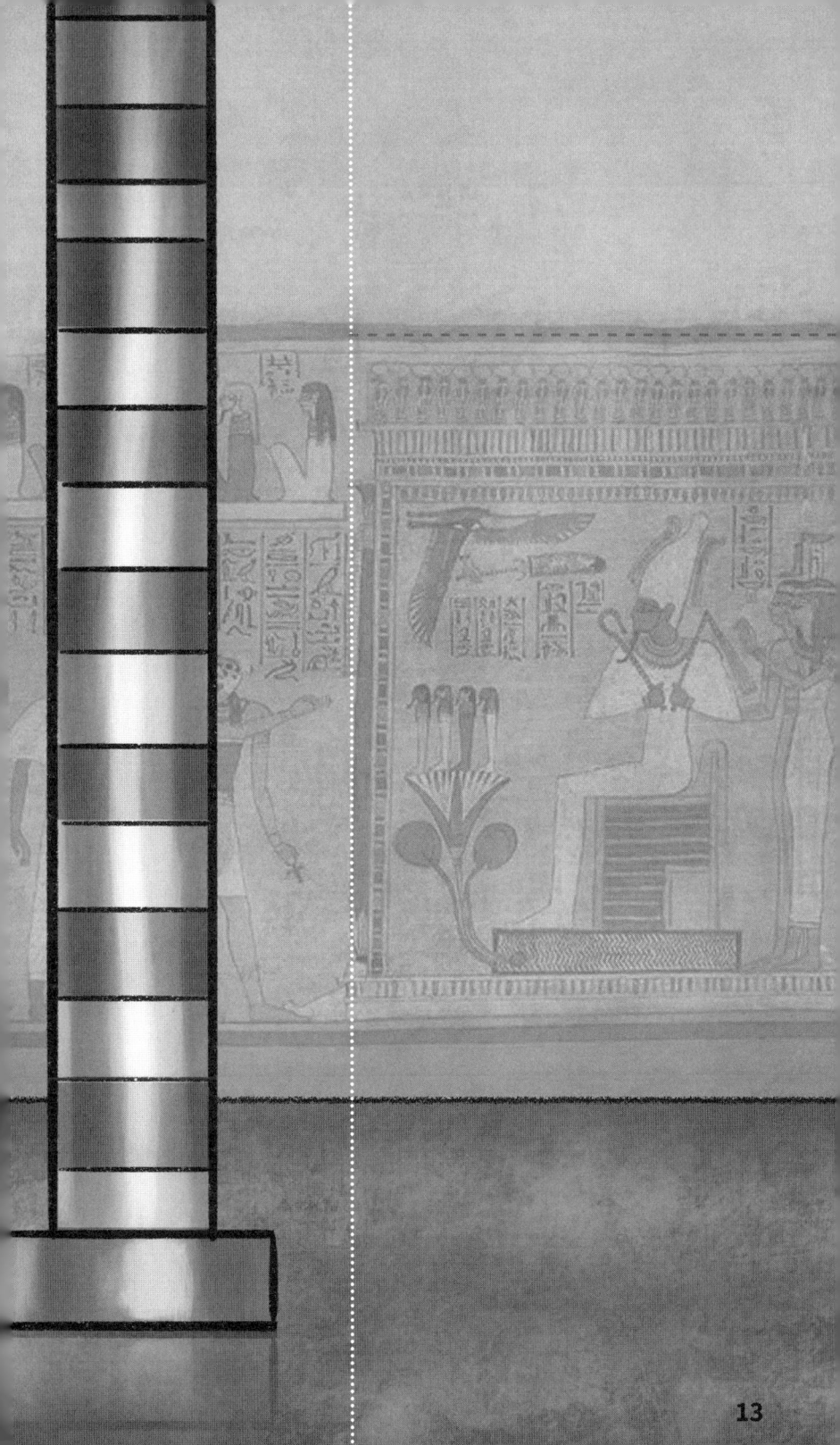

Das hat ja schon gut geklappt!

Von hier aus geht es zurück auf S. 11, um das Abenteuer fortzusetzen.

14

Du fragst dich, warum du vor diesem ägyptischen König Respekt haben solltest? Dann lass dir sagen, dass so ein Pharao ganz schön gefährlich werden kann. Er wird von den Menschen in seinem Land wie ein Gott verehrt. Was der Pharao sagt, das wird gemacht. Wenn er einen Befehl gibt, gehorchen alle.

Aber selbst, wenn du in diesem Buch von bedrohlichen Situationen hörst oder von Gemeinheiten, die sich der Pharao ausgedacht hat, wirst du erleben, dass dieser Pharao nicht größer ist als der lebendige Gott. Und so kannst du unbesorgt weiterlesen.

„Gestrandet in der Wüste" erzählt das biblische Abenteuer der drei Geschwister Mose, Mirjam und Aaron, die es mit dem Pharao zu tun hatten. Ich habe die Geschichte für dich so geschrieben, dass du sie als Mitmachgeschichte erleben kannst. Falls du sie in der Bibel nachlesen möchtest: Von 2. Mose bis Josua 6 findest du die Grundlage für dieses Buch.

Und jetzt kann Kapitel 1 auf der nächsten Seite beginnen!

1. KAPITEL,

in dem diese Geschichte und das alte Ägypten zum Leben erwachen und du mutige Menschen kennenlernst.

So liest du es in großen Buchstaben auf der Plakat-wand, die gerade an der Stadtmauer von deinem Heimatort neben dem Museum angebracht wird. Du stehst staunend vor dem Gerüst, das Arbeiter hier aufgebaut haben, und schaust nach oben. Auf dem Plakat siehst du Fotos von Pyramiden und riesigen Säulen vor prunkvollen Bauten. Daneben ist glänzender Schmuck abgebildet. Ja, das sieht alles etwas älter aus, aber was bedeutet denn eigentlich „das alte Ägypten"?

Schau dir mal den Zeitstrahl an. Hier kannst du auch deinen Geburtstag und die Geburtstage deiner Familie eintragen.

Tatsächlich: Das ägyptische Reich begann vor über 4 500 Jahren! Deswegen ist auf der großen Plakat-wand vom alten Ägypten die Rede. Die Geschichte in unserem Abenteuer ist nicht ganz so lange her, aber auch zu der Zeit wurde noch in Ägypten gebaut. Es ist ein Land mit unzähligen riesigen Bauwerken: den Pharaonen-Palästen, Tempeln, Statuen und Pyramiden.

Das Jahr 0 = Geburt von Jesus Christus

um 2500 Jahre vor Christus

Du bist von der Ankündigung auf dem Plakat ganz gebannt und nimmst gar nicht wahr, wie ein Arbeiter auf dem Gerüst versucht, die letzte Verankerung an der alten Stadtmauer anzubringen. Sein „Achtung! Stein fällt!" kommt zu spät. Du schaust nach oben und siehst nur noch, dass ein Stein aus der Stadtmauer direkt auf dich zu gesaust kommt. „Au!"

Du reibst dir die Stirn. Das hat wehgetan. Offenbar wurdest du durch den Aufprall zu Boden gerissen. Du sitzt im Staub. Der Stein liegt neben dir im heißen Sand. Im Sand? Und warum ist der heiß?

Du standest doch gerade noch auf dem gepflasterten Gehweg vor diesem Ägypten-Plakat. Da waren das Gerüst und dieser Arbeiter. Dir ist schwindelig und du nimmst alles ein bisschen verschwommen wahr.

Du hörst aufgeregte Stimmen. Menschen stehen im Kreis um dich herum, starren dich an oder beugen sich vor, um besser nach dir schauen zu können. Ganze Stapel von Lehmziegeln neben ihnen. Und dazwischen Holzkarren – voll mit Stroh beladen. Wo bist du nur gelandet?

Verwirrt guckst du in besorgte Gesichter. „Sitz lieber nicht so lange auf dem Boden! Das könnte Ärger geben." Ein Junge streckt dir seine staubige Hand entgegen. Er ist etwas älter als du. Neben dem Schmutz fällt dir auf, wie rau seine Hand aussieht. Als würde er viel schleppen und hart arbeiten. Er kommt dir überhaupt nicht bekannt vor. Niemand und nichts kommt dir hier bekannt vor. Dein Kopf brummt. Vielleicht zeigen dir die Umrisse der Ziegelsteine, wie es für dich weitergehen kann?

Wie viele Ziegelsteine sind exakt gleich?

Lass uns zusammen nachsehen, ob du die Steine richtig gezählt hast! Um zu der Lösungsseite für die Ziegelsteine zu kommen (das wäre S. 35), ist allerdings noch ein Hindernis zu überwinden. Denn die Lösung befindet sich hinter verschlossenen Seiten!

Um zu erfahren, was es damit auf sich hat, musst du jetzt auf S. 32 springen.

Puh! Unter dir hörst du, wie die Pferde weitergetrieben werden. Du setzt dich vorsichtig auf und bist noch ein bisschen zittrig.

„Ich bin Mirjam." Die Frau streckt dir ihre Hand entgegen.

„Ist das deine Mutter?"

Hoschea schüttelt den Kopf. „Nein. Aber sie kümmert sich um uns Arbeiter hier auf den Baustellen des Pharaos. Schließlich müssen wir uns vor den Wächtern in Acht nehmen. Sie werden schnell wütend und gefährlich. Aber Mirjam ist mutig und passt auf uns auf."

Mirjam lächelt. „So gut das eben möglich ist. Schon als Kind habe ich von meiner Mutter gelernt, auf Kleinere aufzupassen."

Hoschea fällt ihr ins Wort und erzählt: „Wie auf ihren Bruder Mose, als der noch ein Baby war. Zu der Zeit sollten alle kleinen Jungen getötet werden. Das hatte der Pharao so entschieden. Aber die Mutter von Mirjam und Mose hat ein Körbchen gebastelt. Sie hat Mose hineingelegt und im Schilfufer des Nils schwimmen lassen. So konnte Mose nicht von den ägyptischen Soldaten gefunden werden. Und Mirjam hat aufgepasst. Ich sag doch: Auf sie ist Verlass. Sie hat Mose gerettet!"

Ein grausamer Pharao? Ein Baby im Nil? Dir brummt der Kopf. Mirjam hebt ihre Umhängetasche über den Kopf und reicht sie dir. Aha, es ist gar keine richtige Tasche, sondern ein Schlauch! Sie öffnet ihn und du darfst daraus trinken. Wasser! Das tut gut. Es schmeckt etwas nach Leder, aber es erfrischt.

Mirjam erzählt weiter: „Ich stand zwar im Schilf und habe alles beobachtet, aber beschützt wurde mein kleiner Bruder von Gott. Er hat es auch so geführt, dass Mose von der Tochter des Pharaos gefunden wurde. Und Gott hat mir den Mut gegeben, mit der Prinzessin zu sprechen." Mirjam hat mit der Tochter des grausamen Pharaos gesprochen? „Ich habe der Prinzessin vorgeschlagen, dass Mose doch von unserer Mutter gestillt werden könnte. Sie fand das gut und so kam Mose erst mit uns nach Hause und später an den Hof des Pharaos." Mose kam nach Hause ...

„Ich will auch nach Hause", murmelst du.

Mirjam legt dir die Hand auf die Schulter. „Wir werden vom ägyptischen Pharao zu diesen Arbeiten gezwungen und das schon seit vielen Jahren. Schon unsere Eltern, Großeltern und Urgroßeltern mussten hier arbeiten. Wirst du denn auch zum Arbeiten gezwungen?"

Du schüttelst den Kopf.

„Na, dann geh doch einfach wieder zurück nach Hause!" Hoschea will dir Mut machen. Na ja, wenn das doch nur so einfach wäre!

Das Heimatland von Hoschea, Mirjam und Mose ist Kanaan, aber jetzt befinden sie sich in Ägypten? Knick die Ecke nach vorne, um einen Blick auf die Landkarte zu werfen. Um weiterzulesen, falte die Ecke anschließend wieder zurück.

Mirjam versucht, dich etwas aufzumuntern: „Selbst wir aus dem Volk Israel werden in ein neues und gutes Zuhause kommen. Irgendwann einmal. Wir sind uns sicher, dass Gott einen guten Plan hatte, als Mose am Hof des Pharaos groß geworden ist. Er sollte unser Helfer werden. Vielleicht sogar der Helfer, der uns zurück in das Land Kanaan bringt, aus dem wir kommen."

Mirjam fährt fort: „Wir sind weit weg von der Heimat unserer Vorfahren. Aber wir glauben, dass Gott einen Plan hat. Mein Bruder, also der Bruder von Mose und mir, das ist Aaron. Und Gott hat Aaron gesagt, dass er Mose holen soll. Du musst wissen, dass der vor dem alten Pharao geflohen ist. Unser Bruder Aaron wird mit Mose wiederkommen und dann wird alles gut!"

Alles wird gut? Das willst du doch hoffen! Hoschea nimmt einen der Ziegel und deutet auf die Schriftzeichen, die in den Lehm geritzt sind. „Hier kann man es in Hieroglyphenschrift lesen: ‚Pharao'. Und für seine ägyptischen Götter müssen wir Tempel und riesige Statuen bauen. Aber wir wissen, dass Gott größer und stärker ist als jeder dieser Götter. Es wird nicht mehr lange dauern, dann wird Gott uns aus Ägypten befreien. Im Moment allerdings müssen wir arbeiten. Unser Aufseher wird bestimmt gleich hier sein und schauen, ob wir auch schnell genug die Ziegel verbauen."

Nil

Ägypte

Golf von Sues

Golf

„Ihr Arbeiter sollt doch nicht ständig Pause machen! Los, beeilt euch!" Eine Stimme poltert über die Baustelle: Der Aufseher stampft näher. Dabei wirbelt der Staub auf. Hoschea springt los und macht sich direkt wieder an die Arbeit. Du bist nicht so schnell.

"Faulheit dulde ich nicht!" Der Aufseher steht jetzt direkt unter dir und spricht dich an: "Und was hast du denn da für Beinkleider? Armröhren? Na, mir soll es egal sein. Auf geht's!"

Du stotterst. "Ich, also, da war dieser Stein ...", aber der Mann hört nicht zu. Seiner Meinung nach gehörst du ganz sicher auch zu den vielen Menschen, die für den Pharao von Ägypten auf den Baustellen arbeiten sollen.

Du beeilst dich, um Hoschea und Mirjam mit der nächsten Reihe Ziegelsteine zu helfen. Die beiden scheinen sehr freundlich zu sein, und du kennst an diesem Ort und in dieser Zeit ja sonst niemanden. Da ist es gut, hilfsbereite Menschen an deiner Seite zu haben. Hoschea flüstert dir zu: "Versuch, möglichst nicht aufzufallen! Mach mir einfach alles nach!"

Mirjam steckt dir unauffällig etwas Weißes zu. Ist das ein Lendenschurz, wie die anderen ihn auch tragen? Dazu legt sie dir Sandalen vor die Füße. Wo hat sie die nur her? "Wir selbst tragen keine Schuhe. Aber deine Füße sehen nicht so aus, als würden sie den heißen und steinigen Boden vertragen." Mirjam kümmert sich wirklich fürsorglich.

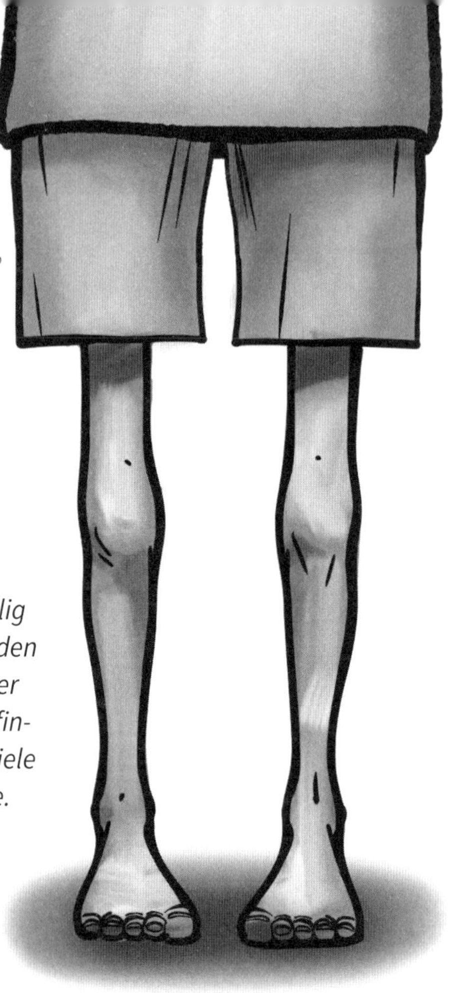

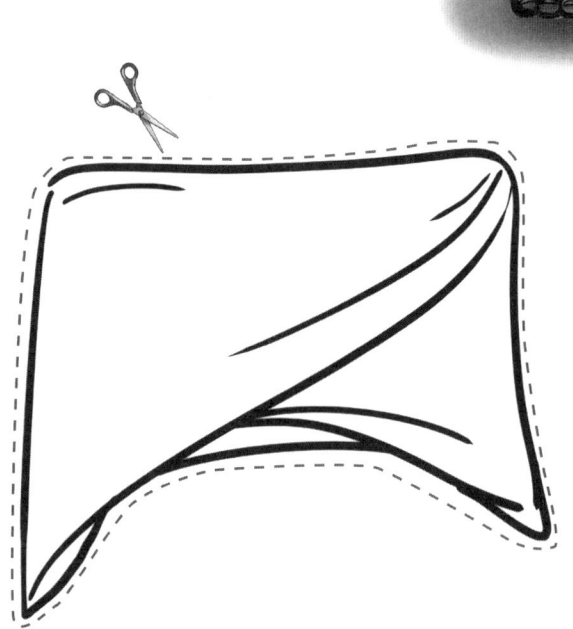

Zieh dir das weiße Tuch rasch über, damit du wirklich unauffällig bleibst, und male dir die passenden Ledersandalen! Wenn du unsicher bist, wie die aussehen könnten, findest du auf S. 84 und S. 85 Beispiele aus der ägyptischen Schuhmode.

„Das steht dir!" Mirjam und Hoschea lächeln dir zu. Hoschea klopft dir auf die Schulter. „Ganz sicher kommen wir hier raus. Dafür wird unser Gott sorgen."

2. KAPITEL,

in dem Flammen lodern und du von
einem unglaublichen Auftrag erfährst.

Du hilfst Mirjam und Hoschea und nimmst auch die vorbereiteten Ziegel aus Nilschlamm und Stroh von den Arbeitern am Boden entgegen, transportierst sie auf die Plattform und baust dort weiter an der Mauer. Die Ziegel sind vom Trocknen in der Sonne ganz heiß. Der Aufseher, der dich zum Arbeiten aufgefordert hat, lässt dich nicht aus den Augen. Dabei wüsstest du ohnehin nicht, wohin du gehen könntest, um zurück in deine Zeit zu kommen.

Du hast so viel zu tun, dass dir keine Gelegenheit mehr bleibt, über die ägyptische Landschaft zu schauen. Es ist brütend heiß. „Eine gigantische Schlange will der Pharao an den Wänden sehen!" Die Stimme eines Aufsehers übertönt alle anderen Geräusche auf der Baustelle. „Die Menschen in Ramses-Stadt sollen immer vor Augen haben, dass der Pharao unter dem Schutz des ägyptischen Schlangengotts Uräus steht." Schutz von einer Schlange? Was ist denn das für eine Vorstellung? Du wischst dir den Schweiß von der Stirn.

Schlangen sind also besondere Tiere für den Pharao. Er rechnet damit, dass sie ihn beschützen können. Wie viele Schlangen entdeckst du auf diesem Bild?

Wenn du acht Schlangen oder mehr gefunden hast, schlängele dich weiter zu S. 44.

Wenn es weniger als acht sind, zischt es für dich auf S. 38.

Hoschea muss nicht lange nach Worten suchen: „Auf geht's! Wir ziehen durch die Wassergasse! Ab ins Meer!"

Du tastest dich mit deinen Sandalen voran – der Meeresboden ist tatsächlich trocken. Das ganze Volk und auch die Tierherden nehmen diesen ungewöhnlichen Weg. Links und rechts diese unglaublich hohen Wasserwände. Du kannst auf Augenhöhe Fische schwimmen sehen!

„Geht weiter! Geht immer weiter!" Es ist Nacht, aber die Säule leuchtet euch den Weg durch das Meer. Als ihr auf der gegenüberliegenden Uferseite angekommen seid, kannst du erkennen, dass die Ägypter ihre Pferde in den Wassergang gelenkt haben. „Gott hat mir einen neuen Auftrag gegeben", hörst du Mose sagen und er hält seine Hand wieder über das Wasser. In den ersten Sonnenstrahlen des Tages werden die Wasserwände wieder kleiner und fließen zurück auf den Meeresgrund. Gerade eben waren die Ägypter noch mitten im Meer zu sehen!

„Kein Ägypter kann uns jetzt noch schaden", sagt Hoschea.

Wer am Abend noch auf Mose geschimpft hat, nickt ihm jetzt anerkennend zu oder schüttelt ihm die Hand. „Du bist das Werkzeug unseres Gottes. Wir vertrauen dir."

Mose fängt an zu singen und bald singen alle um dich herum mit. Einen Chor aus so vielen Hunderten, nein, Tausenden von Stimmen hast du noch nie gehört. Du lauschst den Worten:

„Wir wollen dem **H**errn singen, er ist **un**sere Kraft! Er ist **der** Go**t**t unser**e**r Väter und dafür pre**i**sen wir ih**n**. Der Pharao **und** seine Soldaten können uns nie wieder verfolgen. Die Wasserfluten standen wie eine Mauer und als wir gerettet waren, kam das Wasser **z**urück. Niemand kann solche **W**under vollbringen wie unser Herr. Er führt uns in d**a**s Gelobte La**n**d **z**urück und er ist Kön**ig** für immer und ewig."

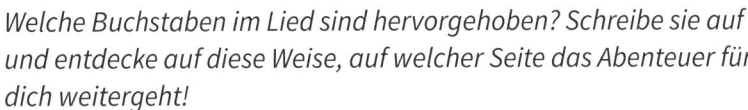

Welche Buchstaben im Lied sind hervorgehoben? Schreibe sie auf und entdecke auf diese Weise, auf welcher Seite das Abenteuer für dich weitergeht!

Wenn du nicht sicher bist, wo du weiterlesen musst, sieh auf S. 37 nach.

Einige Seiten in diesem Buch sind so geheim, dass selbst der Pharao sie nicht kennt! Wenn du im Laufe der Abenteuergeschichte dazu aufgefordert wirst, auf eine Seite zu springen, die noch verborgen zwischen verschlossenen Seiten liegt – und ausdrücklich nur dann, wenn diese Seiten nötig werden –, dann öffnest du die geschlossenen Seiten, hinter denen sich deine gesuchte Seitenzahl verbirgt!

Ein Stift oder eine Schere kann dir dabei helfen.

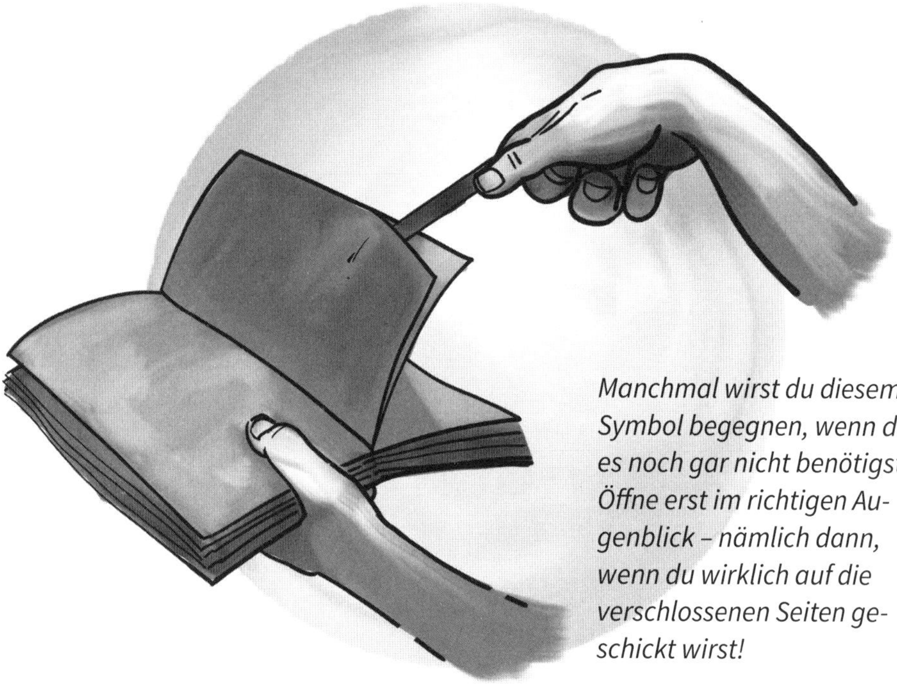

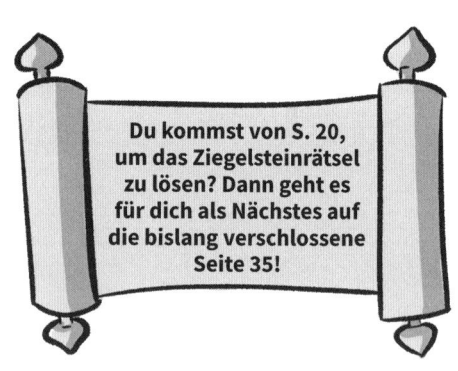

Manchmal wirst du diesem Symbol begegnen, wenn du es noch gar nicht benötigst. Öffne erst im richtigen Augenblick – nämlich dann, wenn du wirklich auf die verschlossenen Seiten geschickt wirst!

Du kommst von S. 20, um das Ziegelsteinrätsel zu lösen? Dann geht es für dich als Nächstes auf die bislang verschlossene Seite 35!

33

Du kommst von S. 125?

Oha, das ist aber auch aufregend: Gott wird zu dem Volk sprechen! Kein Problem, wenn du dir nichts anderes in dem Moment merken konntest! Richtig ist, dass Gott von allen gehört werden will, weil ihm dieser Bund mit den Menschen so wichtig ist und ihn jeder im Volk als Gott hören und verstehen soll. Da wir das geklärt haben, kannst du auf S. 90 weiterlesen.

Du kommst von S. 136?

Ein Sudoku (so heißt diese Art Rätsel) ist wirklich nicht zu unterschätzen. Verständlich, dass du einen Blick auf die Lösung werfen musst. Und jetzt stell dich schnell wieder in die Reihe, um auf S. 136 deinen Wasserschlauch zu füllen!

1	2	3	4
4	3	2	1
3	4	1	2
2	1	4	3

Du kommst von S. 20?

Du hast fleißig Ziegelsteine sortiert? Wofür werden nur all diese Steine benötigt? Du musst auf S. 126 weiterlesen, um herauszufinden, wo du bist, was es mit den Steinen auf sich hat und wer dieser Junge ist, der dir gerade noch seine Hand entgegengestreckt hat.

Du kommst von S. 45?

Kein Wunder, dass dir das Entziffern gerade nicht so leichtfällt wie sonst! Nicht jeden Tag landet man als Arbeiter auf einer ägyptischen Baustelle in der Vergangenheit. Du kannst zu S. 58 blättern, um dort weiterzulesen. Und – keine Sorge in der ägyptischen Gefangenschaft, denn du bist nicht allein!

Du kommst von S. 79?

Du kannst nirgends anders hinschauen als auf diese näherkommenden Ägypter? Kein Wunder. Weiter geht es für dich auf S. 116.

Du kommst von S. 55?

Die Stationen in Moses Leben beginnen mit dem Schilfkörbchen, er wuchs am Hof des Pharaos auf, floh aus Ägypten und hütete Schafe. Schließlich begegnete Gott ihm im brennenden Busch, bevor Mose mit Aaron zurück nach Ägypten kam.

Du kommst von S. 63?

Vor lauter Aufregung flimmert es dir schon vor den Augen und du konntest keine Seitenzahl erkennen? Kein Problem: Auf S. 64 geht es für dich weiter!

Du kommst von S. 68?

Wenn du die Buchstaben sortiert hast, kannst du „EINS, ZWEI, ZWEI" lesen. Weiter geht es also auf S. 122.

Du kommst von S. 89?

Huch, da bist du wohl beim Mannasammeln einmal falsch abgebogen. Aber es ist auch wirklich gar nicht so einfach, den richtigen Weg durch die Wüste zu finden. Am besten, du atmest einmal tief durch. Denn das Volk ist nicht allein unterwegs durch die Wüste – Gott versorgt die Menschen. Ganz beruhigt kannst du auf S. 130 weiterlesen.

Du kommst von S. 135?

Den gelben Gürtel bekommt der Mann mit Nummer 1. Braune Schuhe malst du dem Mann Nummer 4. Das Kleid der Frau mit der Nummer 2 darfst du anmalen, wie es dir gefällt. Blättere nun zurück auf S. 135.

Du kommst von S. 31?

Na, magst du Lieder singen auch so gerne? Dann hast du vielleicht gerade so auf den Gesang geachtet, dass dir dabei die Buchstaben nicht aufgefallen sind. Kein Problem! Die nächsten Töne klingen dir schon von S. 121 entgegen!

Du kommst von S. 147?

Das wäre praktisch, wenn ihr in der Wüste ein paar dieser modernen Erfindungen hättet! Leider gehören fünf Gegenstände nicht dorthin. Du kannst sie dir hier noch einmal ansehen, aber dann hüpf schnell zu den anderen Kundschaftern auf S. 150!

Du kommst von S. 29?

Du bist ein guter Schlangenentdecker! Aber kann es sein, dass du von ihren zischelnden Zungen so abgelenkt warst, dass du dich verzählt hast? Zähle noch einmal auf S. 29 nach, um alle zu finden! Vielleicht hilft es dir, die einzelnen Schlangen mit verschiedenen Farben anzumalen. Weiter geht's auf S. 44.

Du kommst von S. 71?

Hui, bei so vielen Zahlen und Buchstaben kann man schon einmal durcheinandergeraten. Wenn du einen scharfen Blick auf deine Hilfsleiste wirfst, siehst du bestimmt, dass das G = 7 ist und das H = 8. Lies also weiter auf S. 78!

Du kommst von S. 133?

Hier ist die Lösung des Kreuzworträtsels:

Und nun schnell wieder zurück ins Abenteuer auf S. 133!

Du hast dich entschieden, dich unter die Männer zu mischen. Da siehst du, wie ein älterer Mann genau zu dir schaut. Er scheint dir nicht freundlich gesonnen zu sein. Hoschea flüstert dir zu: „Du solltest dich zurückhalten. Das hier ist ein Treffen der Ältesten. Dich kennen sie nicht. Wenn sie merken, dass du dich eingeschlichen hast, denken sie vielleicht, du bist ein Spion der Ägypter." Hoschea zieht dich hinter eine Lehmwand. „Schnell! Versteck dich!"

Hoschea zieht dich
auf S. 52.

Du lässt dich fallen und liegst neben Hoschea auf der Gerüstplattform. Zu euch ist außerdem eine Frau gesprungen, die nun ebenfalls flach auf der Plattform liegt und den Kopf einzieht. Sie hält ihren Zeigefinger an die Lippen und drückt eure Köpfe herunter. So könnt ihr von unten aus nicht gesehen werden.

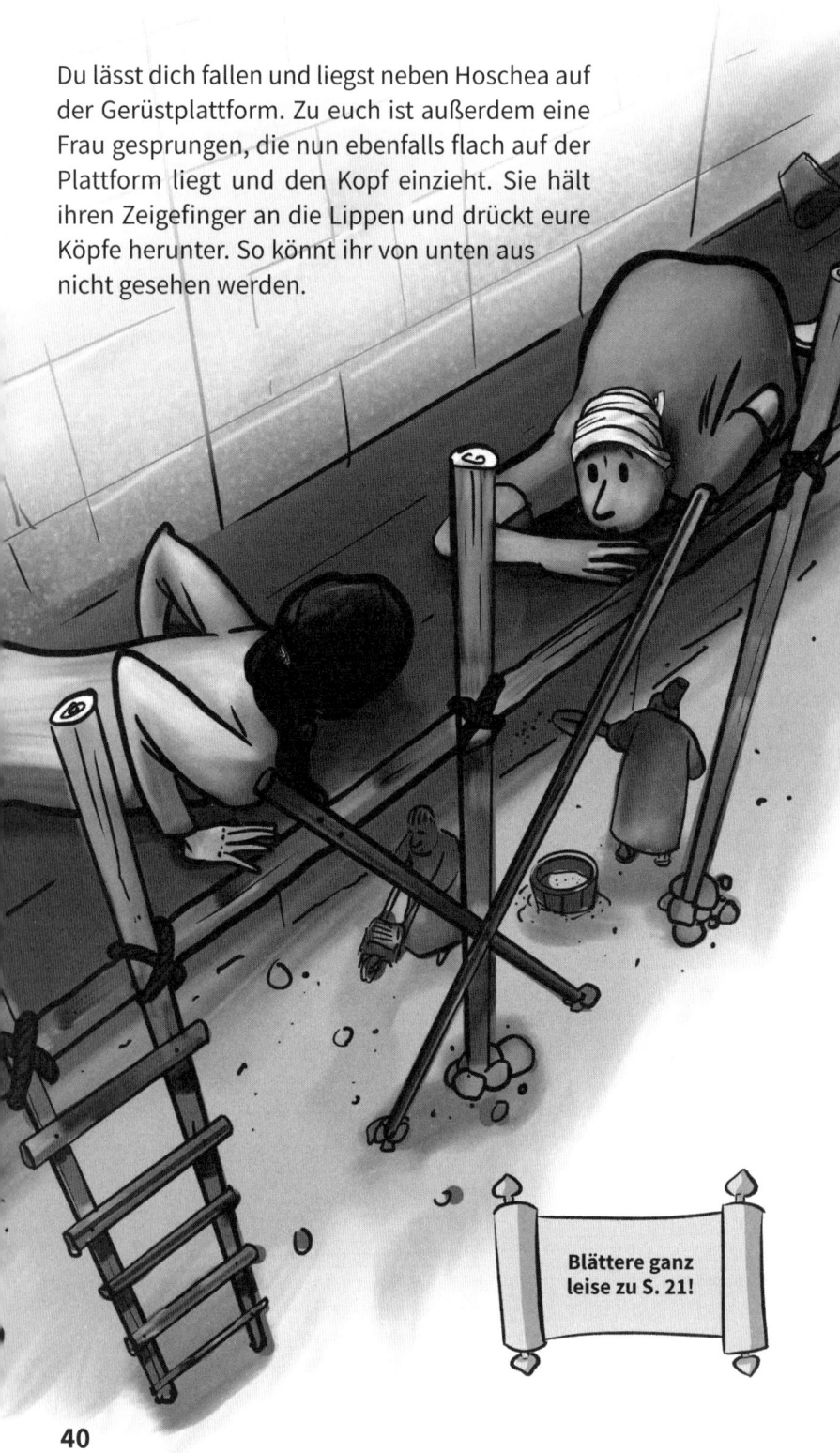

Blättere ganz leise zu S. 21!

Du bist unterwegs mit dem Volk Israel. Die Baustellen von Ramses-Stadt liegen hinter euch. Hier wird nicht mehr gearbeitet. Neben, vor und hinter dir wandern unzählige Männer, Frauen und Kinder; Schafherden, Ziegen und Rinder trotten ebenfalls mit. Esel transportieren Lasten. In Kleidungsstücke eingeschlagen werden Tonschalen mit Brotteig auf den Köpfen oder Schultern getragen. In Tücher sind silberne und goldene Schmuckstücke oder Kleidung der früheren ägyptischen Nachbarn gewickelt. Nach ein paar Stunden macht ihr eine kurze Rast, um hastig etwas Fladenbrot zu essen. Hoschea kaut, aber du kannst ihn auch mit vollem Mund verstehen: „Nach 430 Jahren ist mein Volk endlich in Freiheit! Gott hat sein Versprechen gehalten. Jetzt geht es los in Richtung Kanaan!"

Du schaust dich um. In welcher Richtung liegt wohl dieses versprochene Land? Wie sollt ihr es finden? Ein Wegweiser steht hier jedenfalls nicht.

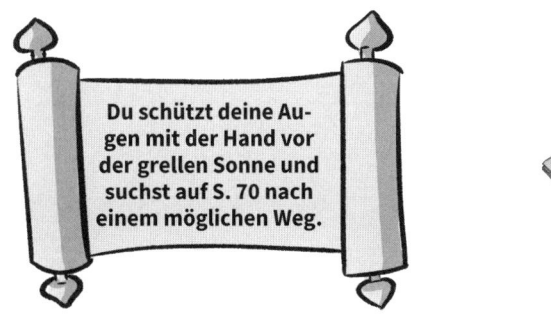

Du schützt deine Augen mit der Hand vor der grellen Sonne und suchst auf S. 70 nach einem möglichen Weg.

42/43

Du bist noch auf der Suche nach Muster-Ideen für dein Zurück-aus-Ägypten-Fest? Dann bist du hier genau richtig!

Mit den Farben in Gelb, Orange, Rot, Blau, Braun oder Grün entstehen die schönsten ägyptischen Muster. Und damit du schon mal üben kannst, führe die angefangenen Formen fort und male sie aus!

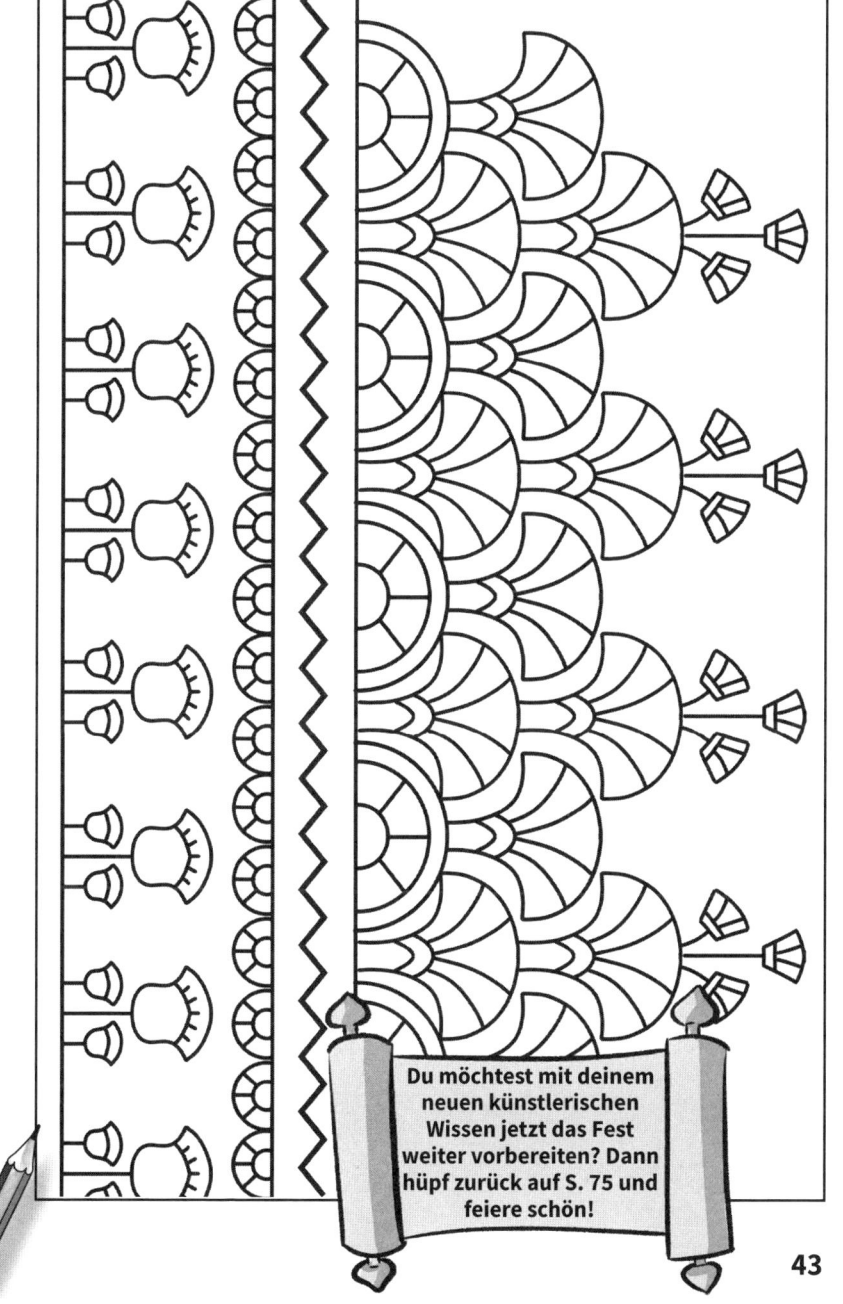

Du möchtest mit deinem neuen künstlerischen Wissen jetzt das Fest weiter vorbereiten? Dann hüpf zurück auf S. 75 und feiere schön!

Du hast die zwölf Schlangen sehr gut erkannt, prima! Da hörst du, wie Hoschea die Luft zwischen seinen Zähnen zischen lässt. „Ja, noch denkt der Pharao, eine Schlange könne ihn beschützen, aber das wird sich alles noch ändern. Ich weiß, dass Gott es ist, der beschützt. So wie Mirjam es gesagt hat."

Mit einem Ziegel in der Hand schaust du dich um. Es wird so hart gearbeitet und immer wieder brüllen die Aufseher. Es gibt kaum Pausen und die Hitze ist fast unerträglich. Du musst einfach fragen: „Hoschea, wie kannst du denn hier arbeiten und dabei die Hoffnung haben, dass Gott dich beschützt oder sogar einen guten Plan für die Zukunft mit euch hat?"

Er lächelt. „Hast du mich gerade Hoschea genannt? Dann hast du dir die Antwort doch schon selbst gegeben. Sogar in meinem Namen steckt Hoffnung. Hoschea bedeutet ‚Gott rettet', und darauf verlasse ich mich."

„Sie kommen! Sie kommen!" Mirjam unterbricht aufgeregt flüsternd euer Gespräch und beugt sich zu euch. Ihre Augen leuchten. „Ich habe es gerade erfahren! Gebt nicht auf. Sie kommen!"

Wer kommt? Warum ist Mirjam denn so aufgeregt? Und was soll vor den ägyptischen Aufsehern verheimlicht werden? Kannst du die Nachricht entziffern, die Mirjam bekommen hat? Dann erfährst du auch deine nächste Seitenzahl.

Wie viele o enthält die untenstehende Nachricht, die du im Sand liest?

Mirjams Brüder kommen! Mose und Aaron sind auf dem Weg. Nach vierzig Jahren kommt Mose zurück.

Stehen sechs o in der Nachricht? Dann spring zu S. 35.

Hast du das o fünfmal gefunden? Dann lies weiter auf S. 58.

46/47

Du kommst von S. 138/139?

In so einem riesigen Zeltlager gibt es allerhand zu entdecken. Da ist es nur verständlich, dass du die Zahlen nicht gefunden hast. Sortiert man die 1, die 2 und die 4, erhält man 124. Also lass dich nicht entmutigen und lies direkt auf S. 124 weiter!

Du kommst von S. 65?

Du kannst dir vorstellen, dass der Pharao den beiden Respekt und vielleicht sogar Angst einjagt? Kein Wunder, diese Situation ist ganz schön einschüchternd. Du staunst, als du siehst, dass Mose und Aaron aufrecht vor dem Pharao stehen, während er sie mustert. Lass uns doch mal nachschauen, wie es auf S. 48 weitergeht!

Du kommst von S. 96?

Auf den Bildern siehst du

Banane, Igel, Nashorn;

Hund, Esel, Raupe, Regen;

Giraffe, Ohr, Tisch, Tiger.

Gott stellt sich also mit den Worten vor: „Ich bin der Herr, dein Gott." Wie das Volk darauf antwortet, entdeckst du auf S. 97.

Du kommst von S. 107?

 1 Keine anderen Götter haben
 2 Kein Götzenbild machen
 3 Gottes Namen ehren
 4 Sabbat heiligen
 5 Vater und Mutter ehren
 6 Nicht töten
 7 Nicht die Ehe brechen
 8 Nicht stehlen
 9 Keine falsche Aussage über andere machen
10 Besitz anderer nicht begehren

Mose und Aaron schauen dem Pharao direkt in die Augen. Aaron spricht: „Der einzig wahre Gott, der Gott unseres Volkes, schickt uns und lässt euch sagen, dass ihr sein Volk gehen lassen sollt. Es ist unser Auftrag, in die Wüste zu ziehen und Gott dort am Berg Sinai anzubeten."

Der Pharao schaut auf Mose und Aaron herunter. „Ich bin der große Pharao, Sohn der ägyptischen Götter, Herrscher über das Land des Nils. Ich kenne keinen Gott, der außer mir würdig wäre, angebetet zu werden. Wieso sollte ich ihm gehorchen? Ich lasse meine Arbeiter, euer Volk, auf gar keinen Fall gehen!"

Als Antwort darauf verwandelt sich Aarons Hirtenstab in eine Schlange. Der Pharao ruft seine Zauberer, die gegen die Wunder Gottes ihre eigene Magie zeigen sollen. Und auch sie verwandeln Holzstäbe in Schlangen, die durch den Hof des Pharaos kriechen. Aber Aarons Schlange, die durch Gott lebendig wurde, frisst alle anderen Schlangen. Es schüttelt dich. Aber den Ägyptern wird damit gezeigt: Gegen die Macht Gottes haben ägyptische Schlangengötter keine Chance.

Jetzt versuchen Aaron und Mose es noch einmal: „Pharao, wenn ihr das Volk nicht gehen lasst, wird Gott euch und euer Land bestrafen!"

Das macht den Pharao nur noch wütender. „Ihr bringt die Leute nur auf dumme Gedanken. Alle sollen sofort an die Arbeit gehen!"

Es sieht so aus, als würde die Situation noch gefährlicher werden, als sie es ohnehin schon ist. Der Kopf des Pharaos ist so rot, als würde er gleich platzen. Aaron bittet dennoch: „Der Pharao ist groß. Aber Gott ist größer! Lasst sein Volk ziehen."

Jetzt donnert die Stimme des Pharaos durch den Palast. Die Diener ziehen die Köpfe ein und auch du duckst dich. Nur Mose, Aaron und auch Hoschea scheinen davon nicht eingeschüchtert zu sein.

Aber der Pharao verkündet eine böse Entscheidung: „Die Arbeiter sollen kein Stroh mehr für ihre Ziegel auf der Baustelle bekommen. Das sollen sie sich selbst suchen. Aber es müssen genauso viele Ziegel hergestellt werden wie bisher auch. Ich werde noch härter mit dem Volk umgehen als zuvor!"

Das ist eine schlimme Anordnung. Nun müssen die Israeliten noch härter arbeiten als vorher. Hoschea und Mirjam sorgen Tag für Tag dafür, dass du dich verstecken kannst und nicht mit den anderen arbeiten musst. Sie teilen sogar ihr weniges Essen mit dir. Und obwohl viele auf Mose und Aaron schimpfen, bleibt Hoschea sicher: „Gott hat unsere Not gesehen. Er hat versprochen, bei uns zu sein und uns zu retten. Ich glaube daran: Wir werden Gott am Berg Sinai anbeten und wir werden mit ihm in ein neues, gutes Land kommen. Gott ist größer als der Pharao und größer als jeder dieser 80 Götter aus Ägypten. Das wird er auch zeigen!"

Und tatsächlich: Gott greift ein. Er schickt Plagen über das Land, die alle dem Pharao zeigen: Gott ist größer als die ägyptischen Götter und größer als der Pharao und er rettet sein Volk aus dessen Hand!

Die erste Plage führt Aaron und Mose zum Fluss Nil. Der Nil versorgt nicht nur das gesamte Land mit Trinkwasser für Menschen und Tiere. Es wimmelt darin auch von Fischen. Alles, was wächst – Getreide, Gemüse und Obst –, ist abhängig vom Wasser und vom fruchtbaren Nilschlamm. Im sandigen und steinigen Wüstenboden könnte nie so viel angebaut werden. Über den Nil werden Waren transportiert. Und der Nilschlamm sorgt für die Grundlage all der Ziegel, die für den Pharao und seine Baustellen hergestellt werden müssen.

Der Nil ist aber auch der Ort, an dem die Geschichte von Mose angefangen hat. Gott hat nicht vergessen, was die Ägypter getan haben, um die Israeliten zu unterdrücken. Der Nil ist so wichtig für die Ägypter, dass sie den Fluss als eigenen ägyptischen Gott verehren.

Streiche oben im Bild alles, was sich verändert oder nicht mehr möglich ist, wenn das Wasser des Nils nicht mehr genutzt werden kann.

Du bist fertig? Dann geht es für dich auf S. 66 weiter!

Du hast es geschafft, dich unbemerkt mit Hoschea hinter eine der Lehmhütten zu schieben. Von hier aus könnt ihr sehen, wie sich die Ältesten aus dem Volk der Israeliten versammeln. „Setzt euch nach euren Großfamilien, nach den Stämmen zusammen." Ein Gemurmel geht durch die Menge. Aber schon bald haben sich zwölf kleine Grüppchen gebildet.

„Mose? Bist du es tatsächlich? Seit vierzig Jahren haben wir dich hier nicht mehr gesehen." Einer der ältesten Männer hat gesprochen.

Da tritt Aaron einen Schritt nach vorne. „Ja, ich habe von Gott den Auftrag bekommen, meinen Bruder Mose zurück nach Ägypten zu

bringen. Der Gott unserer Vorfahren hat gesehen, wie wir, sein Volk, unterdrückt werden. Gott will uns aus der Gewalt der Ägypter retten. Er will uns aus diesem Land hinausführen. Hört her, was Mose erlebt hat!" Aaron zieht Mose neben sich.

Kannst du zuordnen, wer hier in der ersten Reihe steht?

An Mose schließen sich rechts genau vier Personen an. Mirjam steht neben Mose. Aaron hat einen Stab, der ähnlich aussieht wie der von Mose. Neben Aaron steht ein Mann mit hoch geschnürten Sandalen.

Du siehst viele fragende Gesichter. Mose räuspert sich. „Ihr kennt mich. Ich bin einer von euch."

Einige der Männer nicken. Andere verziehen keine Miene.

Mose spricht weiter: „Ich habe eine Ausbildung am Hof des Pharaos genossen. Aber als ich gesehen habe, wie ihr, mein Volk, von den Aufsehern des Pharaos behandelt werdet, wurde ich zornig. Ja, ich habe in meinem Zorn etwas Schreckliches getan. Deswegen musste ich vor dem Pharao aus Ägypten flüchten. Aber Gott hatte immer noch etwas mit mir vor. Er begegnete mir in einem brennenden Dornbusch. Er hat aus den Flammen zu mir gesprochen. Gott will euch aus Ägypten führen und ich soll dabei helfen."

Raus aus Ägypten? Das hört sich gut an! Du musst es irgendwie schaffen, zurück in deine eigene Zeit zu kommen. Ein großer Mann mit einem etwas krummen Rücken reckt seine Hand. „Was meinst du damit, dass Gott dir in einem brennenden Dornbusch begegnet ist? Wir kennen seit so vielen Jahren nur noch die ägyptischen Götter. Wer ist dieser eine Gott, von dem du sprichst?"

Aaron übernimmt jetzt für Mose das Sprechen: „Mose hat Schafe in der Nähe des Berges Sinai gehütet, als dort ein Busch zu brennen begann. Aber die Flammen haben die Zweige nicht zerstört. Stattdessen kam eine Stimme aus dem Feuer. So hat Gott Mose den Auftrag gegeben, uns aus Ägypten zu führen. Keine Schufterei mehr. Der Pharao behauptet, er wäre Gott gleich. Aber unser Gott ist der einzig lebendige Gott. Sein Name bedeutet für alle Zeiten ‚Ich bin bei euch und ich werde bei euch sein'."

Hoschea flüstert dir zu: „Namen sind nicht einfach nur irgendwelche Worte. Namen haben eine Bedeutung. Wenn Gott so heißt, dann ist er auch so. Ein Gott, auf den wir uns immer verlassen können!" Ein Gott, der bei dir ist? Das hört sich gut an.

Die Bilder aus dem Leben von Mose, Mirjam und Aaron sind durcheinandergeraten. Kannst du sie wieder sortieren? Achtung: Du darfst sie auf keinen Fall ausschneiden! Schreibe die Zahlen von 1 bis 6 in der richtigen Reihenfolge an die Bilder. S. 36 hilft dir, wenn du nicht weiterweißt.

Wenn du fertig bist, falte die obere Ecke nach vorne und schau, was dahinter steht!

Weiter geht es auf S. 59.

Male die drei Wunder, von denen du auf S. 60 gelesen hast, in die Kästen!

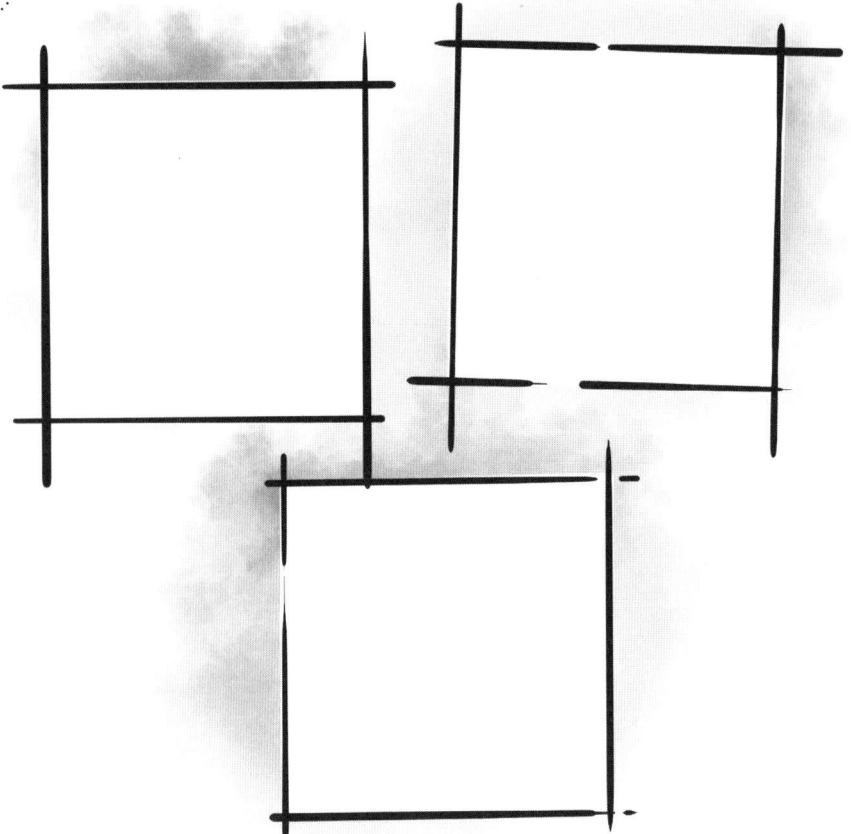

Jetzt bleibt kein Zweifel mehr. Es ist der lebendige Gott, der sein Volk aus Ägypten retten will. Keiner schüttelt mehr mit dem Kopf. Aaron und Mose lächeln sich an. Dann sagt Aaron: „Es wird nicht einfach werden. Aber an jedem Tag hier in Ägypten wissen wir, dass Gott mit uns ist und dass er uns in ein gutes Land bringen wird." Die Männer verneigen sich vor Gott. Dann klopfen sie sich gegenseitig auf die Schultern und umarmen Mose und Aaron. Endlich gibt es Hoffnung auf Freiheit und auf ein friedliches Zuhause! Morgen werden Mose und Aaron zum Pharao gehen.

Hoschea klopft auch dir auf die Schulter. „Ich habe dir doch gesagt: Mein Name bedeutet ‚Gott rettet'. Gott wird uns aus Ägypten retten. Er ist hier. Und jetzt lass uns ausruhen. Morgen wird ein aufregender Tag. Aber in der Nacht, da träume ich jetzt vom guten Land. In meinen Träumen fehlt es mir an nichts. Da gibt es das leckerste Essen und Platz zum Spielen und Toben. Ab auf die Schilfmatten!"

Stell dir ein Land vor, in dem alles so ist, wie du es gern hättest. Was dürfte in diesem guten Land auf keinen Fall fehlen? Male es hier auf! Und ganz ohne Traum: Du kannst dich freuen, denn du hast das zweite Kapitel gemeistert!

Von hier aus geht es weiter auf S. 61.

Es waren tatsächlich fünf o in der Botschaft, sodass es auf dieser Seite mit deinem Abenteuer weitergeht. Vor vierzig Jahren war Mose vor dem Pharao in die Wüste geflohen. Jetzt regiert sein Nachfolger und Aaron hat den Auftrag von Gott bekommen, Mose zurückzuholen.

Die Arbeit des Tages muss noch geschafft werden. „Macht schneller, ihr Israeliten!" Der Aufseher kennt kein Ausruhen. Aber wenn die Sonne untergegangen ist, dann soll es ein Treffen geben. Alle wollen schließlich wissen, warum Gott Mose zurück in Ägypten haben will. Du gibst die nächsten Ziegel an Hoschea weiter, damit die Mauer für den Pharao wachsen kann.

Ziegel und eine Mauer? Die Stadtmauer zu Hause mit dem Plakat kommt dir unendlich weit weg vor. Aber du hast keine Zeit für Grübeleien. Du musst eine Entscheidung treffen!

Du willst dich mit Hoschea unter die Männer mischen, um hautnah mitzubekommen, was passiert und was Mose und Aaron zu sagen haben? Dann geht die Geschichte für dich auf S. 39 weiter.

Willst du dich verstecken, um das Treffen von Mose und Aaron mit den Ältesten aus dem Volk heimlich zu beobachten? Dann lies auf S. 52 weiter.

Aaron spricht weiter: „Wir haben ein Versprechen von Gott bekommen. Wenn Mose uns aus Ägypten geführt hat, werden wir Gott an dem Berg loben, an dem er Mose im Dornbusch begegnet ist. Das soll unser Beweis sein, dass Gott seinen Plan mit uns umsetzt. Er will uns in ein neues, gutes Land bringen, nach Kanaan!"

Du siehst viele der Männer nicken. Einige wiegen aber noch immer zweifelnd den Kopf oder zucken mit den Schultern. Ihr ganzes Leben lang arbeiten sie nun schon in Ägypten für diesen mächtigen Pharao, und jetzt kommt ein Hirte, dieser Mose, den sie schon so lange nicht mehr gesehen haben – und der soll sie aus der Hand der Ägypter retten? Die haben Streitwagen und Waffen, Pferde und eine riesige Armee von Wachen und Soldaten. Und was haben Mose und Aaron? Einen Hirtenstab.

In genau diesem Moment hält Mose seinen Stab hoch über sich. Mose wirft den Stab auf den Boden. Was ist das? Eine Schlange! Eine Schlange zischt vor den Männern am Boden! Da streckt Mose seine Hand aus und packt die Schlange am Schwanz. Sofort verwandelt sie sich wieder in den Hirtenstab.

Du schaust zu Hoschea. Auch ihm steht der Mund offen. Er flüstert: „Na, da wird der Pharao große Augen machen. Von wegen goldene Schlangengötter beschützen ihn. Ich glaube, Mose wird hier mit dem lebendigen Gott richtig viel verändern. Dann brauchen wir keine Angst mehr zu haben vor dem goldenen Befehlsstab des Pharaos oder vor den Stöcken seiner Aufseher!"

Mose steckt seine Hand in eine Falte seines Hirtengewands. Als er die Hand wieder herauszieht und zeigt, ist sie ganz weiß. „Das ist eine gefährliche Krankheit!", ruft der gebückte Mann und stolpert zurück. Als Mose seine Hand erneut in die Falte schiebt und herauszieht, ist sie wieder gesund.

Ein Raunen und Staunen geht durch die Reihen. „Seht ihr? Das tut der Gott, der sich uns vorstellt. Ihr kennt es so, dass es Heilung nur bei den Priestern im Tempel gibt. Aber Gott ist größer! Er ist mächtiger als jeder Pharao! Und er will euch noch etwas zeigen. Hat jemand einen Tonkrug?" Ein kleiner Mann gibt Mose seinen Krug. Er bückt sich und schöpft etwas Nilwasser. Mit einem Schwall kippt er das Wasser auf den trockenen Boden. Du traust deinen Augen kaum: Das Wasser wird auf dem Boden zu Blut! Ist das zu fassen?

Noch einmal: Welche drei Wunder hat Mose im Auftrag von Gott gezeigt? Am besten malst du diese drei Wunder auf S. 56 auf.

3. KAPITEL,

in dem Schlangen zischen und du von
einer besonderen Botschaft hörst.

Heute ist der wichtige Tag! Mose und Aaron werden zum Pharao gehen. Hier und da beobachtest du ein heimliches Lächeln oder Zublinzeln. Als du dich mit Hoschea auf den Weg zur Baustelle machen willst, kommt Mirjam zu euch. „Ich habe mich darum gekümmert, dass ihr zwei heute auf der Baustelle nicht vermisst werdet." Sie zwinkert euch zu.

Hoschea strahlt: „Na, das lassen wir uns doch nicht entgehen! Der Pharao hat so viele Diener. Er wird von den Ägyptern als Gott verehrt. Da wird es gar nicht auffallen, dass Mose und Aaron auch mit zwei Dienern kommen." Hoschea ist sicher: Alles wird gut gehen.

An den Hof des Pharaos? Um aus Ägypten zu entkommen? Nach Hause willst du auf jeden Fall! Wenn also auch nur eine kleine Chance besteht, hier eine Spur zurück zur Stadtmauer in deiner Zeit zu finden, willst du es ausprobieren. Du nickst und ihr beeilt euch, um Mose und Aaron nicht zu verpassen. Schnell macht ihr euch auf den Weg zum Pharao. Durch den Säulengang geht ihr in Richtung Königssaal.

Auf den Steinfliesen taucht auf einmal ein Rätsel auf. Kannst du es lösen? Das Endergebnis ist die Seitenzahl, auf der dein Abenteuer weitergehen wird.

🌴 + 🌴 = **12**

🔺 + 🔺 = **8**

🌴 + 🔺 = **10**

🌴 + **1** = **7**

🔺 + **5** = **9**

 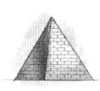

Die gesuchte Seitenzahl ist: _____ _____

Tipp:
Die Lösung ist entweder 36 oder 64.

Welch ein Unterschied zu den staubigen Lehmhütten der Baustellenarbeiter! Hier läufst du mit Hoschea über polierte Steinplatten. Die Wände glänzen in bunten Farben. Hohe Steinsäulen umrahmen die riesigen Hallen. Diener huschen über die Gänge. Manche tragen silberne Schalen mit frischem Obst. Andere halten große Fächer aus Palmblättern oder Federn in den Händen. Damit wird dem Pharao frische Luft zugewedelt.

Ihr haltet euch hinter einer Säule versteckt. Mose und Aaron nähern sich dem goldenen Thron. Ein Diener kündigt laut an: „Ehrwürdiger Pharao, Sohn der ägyptischen Götter, gottgleich und Herrscher über Ägypten. Hier kommen Mose und Aaron, um mit dir zu sprechen." Die Stimme des Hofbeamten hallt laut zwischen den Säulen.

Der Pharao steht auf. „Du bist also Mose!" Die umstehenden Diener flüstern. Der Pharao von Ägypten spricht sonst nie mit einfachen Menschen! Auf dem Kopf trägt er eine Krone mit einer goldenen Schlange. Mit seinen kunstvoll schwarz umrandeten Augen mustert er die beiden Männer.

Dieser Pharao mit seinem prunkvollen Palast, den himmelhohen Säulen, all den Dienern und der goldenen Schlangenkrone will klar zeigen: Er ist der Mächtigste. Er ist der Größte. Jeder soll ihm dienen.

Wie werden Mose und Aaron nun reagieren?

Wenn du glaubst, dass Mose und Aaron beim Anblick des Pharaos vor Ehrfurcht erstarren und dann schnell davonlaufen, lies auf S. 47 weiter.

Wenn du der Meinung bist, dass Mose und Aaron sich von all dem nicht einschüchtern lassen, dann lies auf S. 48 weiter.

Über Wochen, Monate und Jahre dauern die Besuche von Mose und Aaron beim Pharao an. Immer wieder fordern sie die Freiheit ihres Volkes. Mal kündigt der Pharao an, die Israeliten gehen zu lassen, aber dann ändert er doch im letzten Moment wieder seine Meinung.

Für dich vergeht die Zeit hier in Ägypten viel schneller als für alle anderen. Und das ist auch gut so – du willst doch schließlich wieder weg aus Ägypten. Zurück nach Hause. Zu all den Menschen und Dingen, die für dich wichtig sind!

Aber im Moment weißt du noch nicht, wie du es anstellen sollst, zurück zur Stadtmauer zu kommen, und wer dir dabei helfen könnte. Gott hilft auf jeden Fall Mose und Aaron dabei, mutig und stark vor den Pharao zu treten.

Nach dem unbrauchbaren Wasser aus dem Nil kommen noch mehr Plagen. Immer wieder zeigt Gott dem Pharao, dass Gott größer ist als alle ägyptischen Götter. Jeder Ägypter soll die Chance bekommen zu erkennen, wer der große und lebendige Gott ist. Aber immer wieder weigert sich der Pharao, das Volk gehen zu lassen.

Schneide die ersten neun Plagen auf S. 66 aus. Lege sie zu den passenden Wörtern auf S. 67. Achtung: Zerschneide auf keinen Fall S. 67! Wenn du dir sicher bist, klebe die Bilder fest. Du darfst auch auf S. 80 gucken, ob du richtig sortiert hast.

Verdorbenes Wasser	Frösche	Stechmücken
Stechfliegen	Viehpest	Hautkrankheiten
Hagel	Heuschrecken	Finsternis

Unzählige Frösche erinnern an den ägyptischen Froschgott und hüpfen überall herum. Mücken und Geschwüre plagen jeden Ägypter. Heuschrecken fressen die gesamte ägyptische Ernte – egal, wie klug alles bewirtschaftet wurde. Hagel und plötzliche Dunkelheit … da kann man es ganz schön mit der Angst zu tun bekommen!

Besonders nervig sind die Mückenstiche. Wie viele Stiche hat der Pharao schon abbekommen? Du findest es heraus, indem du die Buchstaben der drei verdrehten Wörter in die richtige Reihenfolge bringst. Sie stellen jeweils eine Zahl dar. Schreibe die Zahlen nebeneinander auf und du hast deine neue Seitenzahl.

SINE EWIZ IZWE

Hier die
sortierten
Buchstaben

➡ ___ ___ ___ ___   ___ ___ ___ ___   ___ ___ ___ ___

Hier die
Ziffern

➡ ___ ___ ___

Wenn du im Dunkeln tappen solltest, wie es weitergeht, findest du einen Hinweis auf S. 36.

4. KAPITEL,

in dem du mitten im Meer trockene
Füße behältst und du direkt
zu S. 41 springen musst.

Mirjam hat dich und Hoschea gefunden. „Na, was suchst du?" Sie schaut sich neben dir um.

„Wie sollen Mose und Aaron denn wissen, in welche Richtung wir laufen müssen?", fragst du sie.

Mirjam zuckt gerade noch die Schultern, als sich direkt vor euch eine riesige Wolkensäule aufbaut. Sie ist so mächtig und hoch, dass du den Kopf in den Nacken legst, um sie komplett sehen zu können. Hoschea springt auf. „Ich schätze, die Antwort steht direkt vor dir!" Er macht einen Freudensprung. „Gott zeigt uns den Weg!" Die Menschen lachen und jubeln.

Der raue Wüstenboden drückt durch die Sandalen. Felsen, spitze Steine, Sand und Staub machen das Wandern mühsam. Und es geht immer weiter mitten in die Wüste hinein. Ihr seid den gesamten Tag über unterwegs.

Als es dunkel und schwieriger wird, den unebenen Boden zu erkennen und der Wolkensäule zu folgen, verwandelt sie sich in eine gigantische Feuersäule. Im hellen Schein lauft ihr weiter. Mit Mirjam und Hoschea schiebst du dich durch die Menge, um näher an Mose und Aaron heranzukommen. Du hörst, wie Mose seinem Bruder erzählt, dass Gott mit ihm gesprochen hat. Der Pharao werde euch mit seinen Soldaten verfolgen. Aber Gott hat Mose ein Versprechen gegeben. Mose sagt: „Gott wird seine Größe und Macht am Pharao und seinem ganzen Heer zeigen."

Um den nächsten Satz lesen zu können, musst du erst den geheimen Code knacken! Jeder Zahl ist ein Buchstabe zugeordnet. Beginne mit den Buchstaben, die du bereits im Rätselsatz findest: Überall, wo eine 4 steht, trägst du ein D ein und so weiter. Kannst du schon erraten, welche Wörter herauskommen müssen? Wenn du Hilfe brauchst, schneide den Lösungsstreifen am rechten Seitenrand aus und lege ihn vor dich. Hier kannst du ablesen, welcher Buchstabe zu welcher Zahl gehört.

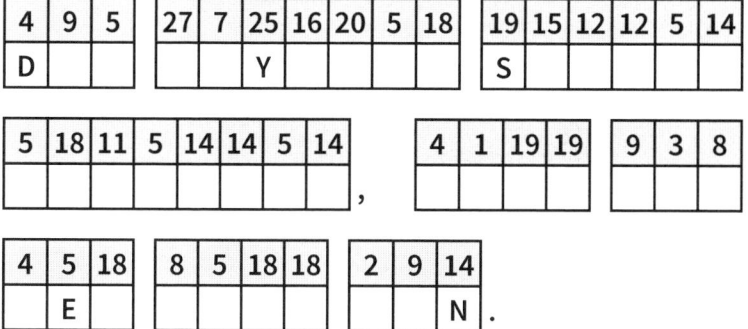

Und jetzt bist du schon Profi für die neue Seitenzahl:

G   H

____ ____

Tipp: Die Lösung ist entweder 78 oder 38.

Oh nein! Hast du etwa vergessen, dass Hoschea dich gewarnt hat, wie gefährlich das Leben mit diesen Ägyptern ist? Eine Frau ist rasch zu euch gesprungen und zieht dich zusammen mit Hoschea auf den Boden der Plattform. Da liegst du jetzt. Sie hält ihren Zeigefinger an den Mund und drückt eure Köpfe herunter. So könnt ihr von unten aus nicht gesehen werden.

Lies weiter auf Seite 21.

IDEEN FÜR DEIN ZURÜCK-AUS-ÄGYPTEN-FEST

Festlich knusprige Fladenbrote

Für dein Festmahl werden Fladenbrote gebacken, am besten zusammen mit einer älteren Person. Wer könnte dir helfen? Da es schnell gehen soll, nutzen auch wir dafür keine Hefe, wie das Volk Israel zum Auszug aus Ägypten.

300 g Mehl

14 EL Olivenöl

10 EL Wasser

2 TL Salz

Etwas Zeit und Mühe kostet es allerdings, diese Zutaten zu einem Teig zu verkneten. Wenn er ordentlich vermengt ist, wird er auf Backpapier dünn in Blechgröße ausgerollt und mit dem Backpapier auf ein Blech gelegt.

Um zu verhindern, dass der Teig beim Backen Blasen wirft, stich mit einer Gabel kleine Löcher hinein. Dann backst du die Fladen in der Mitte des Backofens bei 200 Grad Ober- und Unterhitze für 15 bis 20 Minuten.

Manna-Überraschung

Süßes Popcorn ähnelt vielleicht der täglichen Verpflegung für das Volk Israel in der Wüste. Ob du das Popcorn mithilfe eines Erwachsenen aus Maiskörnern in einem Topf zubereitest oder bereits gesüßtes Popcorn kaufst: Freu dich auf überraschte Gesichter, wenn du dein Manna aus einem Tuch von der Decke regnen lässt! Vielleicht kannst du das Tuch mit einem großen Helfer an einer Gardinenstange befestigen, an einem Haken befestigen oder an einem Schrank anbringen?

Wanderung mit Proviantbeuteln

Für einen Proviantbeutel schneidest du ein quadratisches Stück Stoff von mindestens 50 cm Kantenlänge kreisrund zu. In die Mitte deines Stoffes legst du ein verpacktes Brötchen oder Brot, einen Apfel oder sogar ein paar getrocknete Datteln. Der Beutel wird nun an einen Stock gebunden und bequem über die Schulter gelegt. Im Land Kanaan – während deiner Picknickpause – sollen Milch und Honig fließen. Wie wäre es mit Honigbrötchen und einem leckeren Kakao?

Ägyptische Tischkarten

Damit deine ägyptische Festtafel richtig stilvoll wird, kannst du die Namen deiner Gäste als Hieroglyphen auf Platzkärtchen zeichnen! Hier findest du ein vereinfachtes Alphabet, angelehnt an die Schriftzeichen der alten Ägypter.

Muster für die Tischdekoration findest du auf S. 42 und 43.

Spiel

Vielleicht wollt ihr auch „Reise aus Ägypten" spielen? Je nach Personenanzahl werden Stühle in die Raummitte gestellt. Ein Stuhl wird nun beiseitegestellt, sodass ein Sitzplatz zu wenig vorhanden ist. Zu Musik wird um die Stühle gelaufen und sobald die Musik verstummt, versucht jeder einen Platz zu ergattern. Wer keinen Stuhl erreicht, darf in der nächsten Runde über die Musik bestimmen. Dazu eignen sich natürlich besonders ägyptische Klänge. Oder kennst du ein Lied, in dem es darum geht, dass der Pharao das Volk ziehen lassen soll?

Hab eine fröhliche Feier! Und wer weiß – vielleicht steht das nächste Abenteuer in die Welt der Bibel schon vor der Tür ... Egal, was du bis dahin erlebst, vergiss nie: Derselbe Gott, der schon bei Mirjam, Mose, Josua und Aaron war, wird auch dich immer begleiten!

Du hast eine gute Zeit in diesem Buch verbracht? Auf S. 158 verabschiede ich mich von dir mit weiteren Leseempfehlungen!

Die Ägypter sollen erkennen, dass ich der Herr bin – so hatte Gott die Plagen erklärt. Er hat dem Pharao immer wieder gezeigt, dass er der einzige lebendige und starke Gott ist. Und da will der Pharao dennoch gegen das Volk Gottes kämpfen, weil er sauer ist, dass ihm seine Arbeiter für die Baustelle fehlen? Es ist doch nicht zu fassen – nach all den Plagen, die der Pharao erlebt hat.

Du schluckst. Hoschea sieht dagegen kein bisschen besorgt aus. „Wenn Gott uns aus Ägypten in die Wüste geführt hat, dann wird er uns von hier aus auch nach Kanaan bringen."

Mose hat den Auftrag bekommen, zu verkünden, dass eine Pause eingelegt werden soll. Das Volk soll sein Lager aufschlagen und ausruhen.

Ausruhen?! Während sich die Ägypter mit ihren Streitwagen nähern? Vielleicht wäre das ein guter Zeitpunkt, sich zu verstecken ... Aber wie sollten sich so viele Menschen und all die Tiere mitten in der Wüste verstecken?

Im Wüstenbild wimmeln Tiere und Gegenstände, die das Volk Israel mit aus Ägypten genommen hat. Wie viele kannst du entdecken, um die nächste Seitenzahl zu entziffern?

Wie viele Schüsseln hast du gefunden? Wie viele Esel? Und wie viele Ziegen? Das ist deine nächste Seitenzahl! Wenn du Hilfe brauchst, sieh auf S. 35 nach.

Du kommst von S. 66/67?

Hat dich die richtige Zuordnung der Ereignisse geplagt? Hier kannst du sehen, was die Bilder darstellen. Danach darfst du zurück auf S. 67 hüpfen.

Du kommst von S. 83?

Bist du wirklich ohne Verpflegung losgezogen? Oder hast du dich beim Anblick der hohen Berge so erschreckt, dass du die Seitenzahlen verwechselt hast? Macht nichts! Auf S. 87 geht es zurück in die Wüste und an den Anfang des Tages, an dem ihr die Berge überqueren wollt.

Du kommst von S. 98?

5. KAPITEL,

in dem Gott ein besonderes Geschenk vom Himmel schickt und du erst einmal die nächsten geheimen Seiten öffnen musst.

82/83

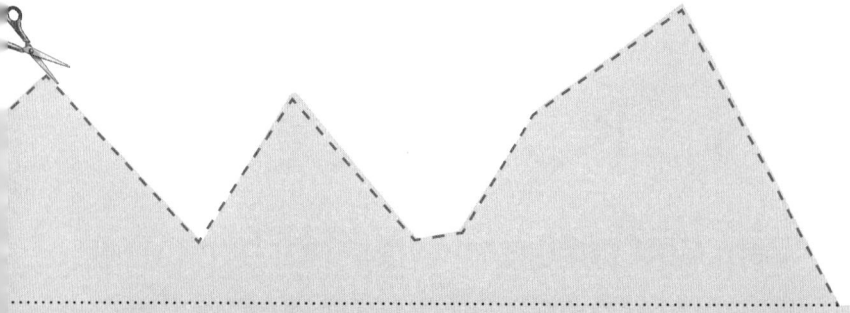

Schneide die Schnittlinie entlang der Berge auf S. 82 und 83 und falte das Gebirge nach oben, sodass es aufrecht steht, bevor du weiterliest.

Du wirst davon wach, dass Hoschea an deinem Arm rüttelt. „Aufwachen! Es geht weiter!" Weiter? Jetzt schon? Deine Schilfmatte auf dem steinigen Boden war zwar nicht besonders bequem. Aber die Abenteuer der letzten Tage haben dich so müde gemacht, dass du wie in einem gemütlichen Bett geschlafen hast.

Dein Bett! Wie gut wäre es, einfach aufzuwachen und zu Hause zu sein. Vielleicht würde es Kakao im Bett geben oder Toastbrot und Brötchen auf einem Tablett. Wie zu deinem Geburtstag.

Da grummelt und brummelt dein Bauch. So ein süßes Frühstück wäre jetzt etwas Feines. Aber Hoschea lässt keine Zeit für Träumereien. „Los geht's. Wir wollen weiter Richtung Gottesberg." Gottesberg? Hoschea lacht, als er in dein wieder einmal völlig verwirrtes Gesicht schaut. Aber es ist ein freundliches Lachen. „Na, Gott hat Mose doch aus dem brennenden Dornbusch direkt an diesem Berg gesagt, dass das Volk Israel dort seinen Gott anbeten wird. Das hat Mose gestern noch einmal erzählt. Aber du warst ja so müde, dass ich dich gar nicht mehr von deiner Schlafmatte bekommen habe."

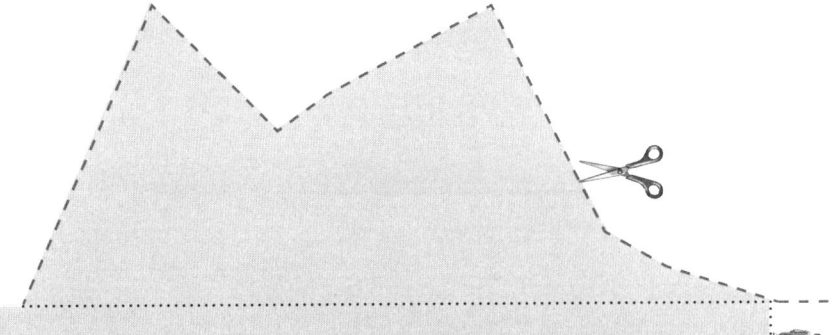

Um euch herum werden überall Tücher zusammengeschlagen und Sandalen gebunden. Ein paar Ziegen und Schafe meckern und blöken. Aber es ist leiser geworden in der großen Menschenmenge. Du hörst sogar deinen Magen knurren.

„Hunger?" Mirjam kommt genau im richtigen Augenblick vorbei. Sie faltet ein kleines Tuch auseinander. Zwei Fladenbrote und ein paar getrocknete Datteln liegen noch darin. „Nehmt sie. Das wird ein anstrengender Tag!" Mirjam nickt euch zu.

Ein Windstoß wirbelt Sand und Staub auf. Dein Mund fühlt sich furchtbar trocken an. Wieder denkst du an ein Tablett mit Kakao und Brötchen. Aber für heute ist das Frühstück ein Stück hartes Fladenbrot mit Datteln. Du kaust gründlich. „Wir werden all unsere Kräfte brauchen." Mirjam zeigt auf die Berge am Horizont. „Vor uns liegt die Wüste Sin und dort hinten fangen die Berge an. Wir werden sie überqueren müssen."

Schneide die Schnittlinien neben dem Menschen ein. Falte ihn an der Falzkante nach oben, sodass er neben dem Gebirge steht. Das sieht in der Tat nach einer anstrengenden Wanderung aus!

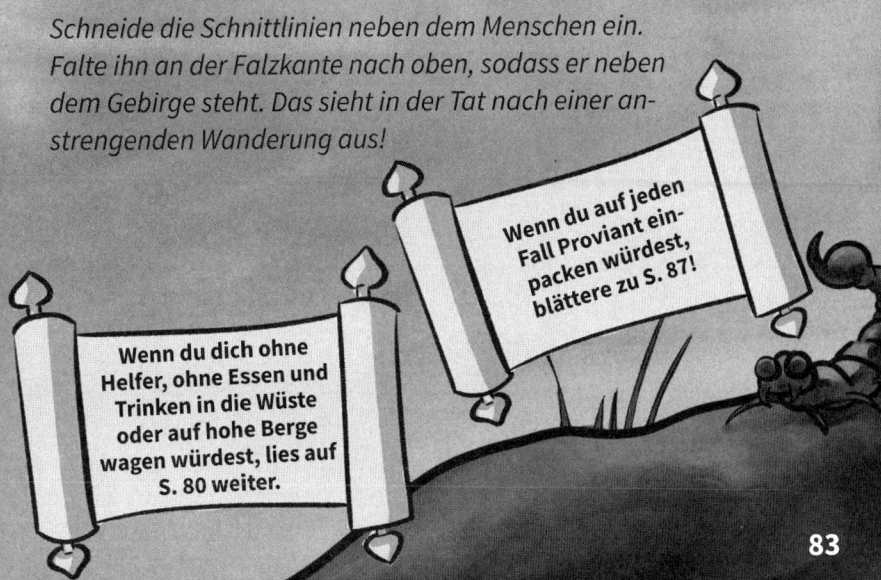

Wenn du auf jeden Fall Proviant einpacken würdest, blättere zu S. 87!

Wenn du dich ohne Helfer, ohne Essen und Trinken in die Wüste oder auf hohe Berge wagen würdest, lies auf S. 80 weiter.

Schuhmode im alten Ägypten

Tatsächlich! Du brauchst Sandalen. Deine Fußsohlen sind schon ganz heiß und rot von dem Sandboden. Damit du dir passendes Schuhwerk aussuchen kannst, bekommst du hier den nötigen Überblick, wie Sandalen im alten Ägypten getragen wurden. Damit bist du bestens ausgerüstet für S. 26.

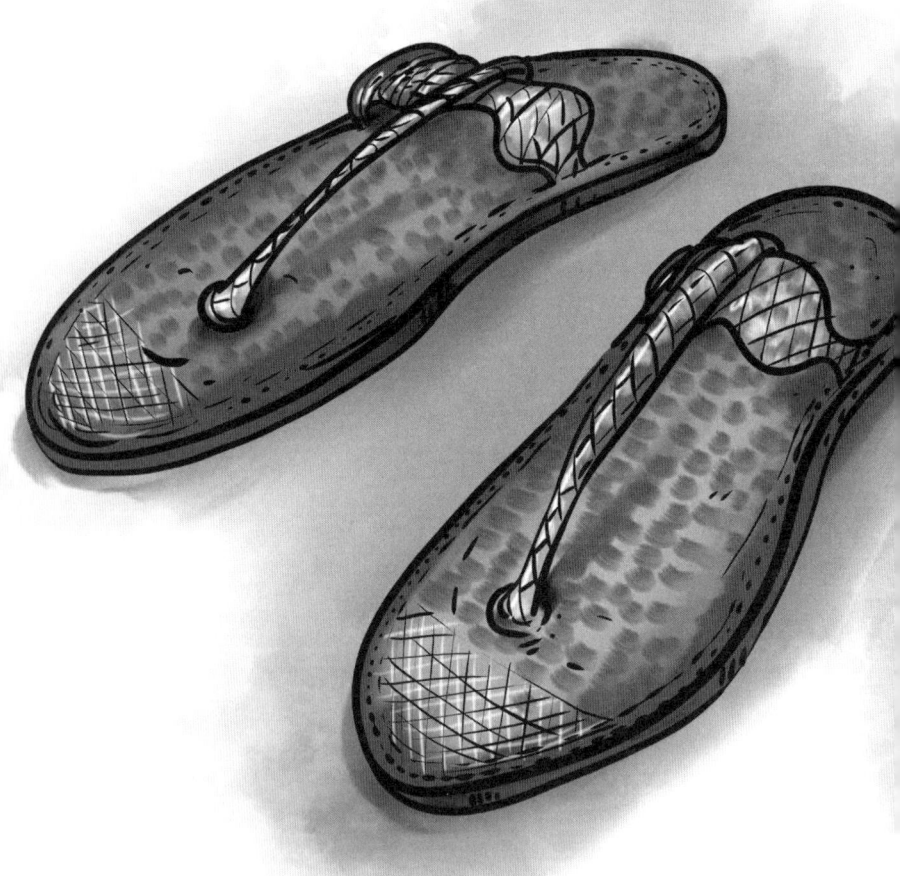

86/87

Du kommst von S. 106?

Die Musik und das wilde Tanzen und Singen der Menschen sind wahrscheinlich so laut, dass du die Anzahl der Tage nicht richtig verstanden hast. Die Abwesenheit von Mose und Josua hat noch länger gedauert, deshalb kannst du noch viele Seiten weiterblättern – bis zu S. 140.

Du kommst von S. 149?

Hier darfst du nachsehen, wo sich die Wörter alle versteckt haben. Blättere danach zurück auf S. 149.

X	V	A	**M**	Ü	O	R	B	M	N	T
S	D	B	**A**	X	M	**D**	G	F	E	M
W	**E**	**I**	**N**	**T**	**R**	**A**	**U**	**B**	**E**	**N**
D	L	Ö	**D**	N	Ä	**T**	V	A	D	T
J	Ö	T	**E**	V	T	**T**	F	U	W	B
M	L	Y	**L**	Z	B	**E**	**E**	O	P	K
A	Q	F	**N**	M	**O**	**L**	**I**	**V**	**E**	**N**
E	U	I	P	Ü	C	**N**	G	A	X	K
P	**I**	**S**	**T**	**A**	**Z**	**I**	**E**	**N**	I	O
Q	S	T	Y	R	M	B	**N**	L	Ö	P

„Wie sollen wir ohne Essen und Trinken aufbrechen?" Ein Mann neben dir ruft laut in die Richtung von Mose und Aaron.

„Ja, so können wir nicht weiterziehen!" Immer mehr Stimmen um euch herum werden laut. „Mose und Aaron, ihr habt uns in die Wüste geführt. Und jetzt? Wir haben keinen Proviant mehr. Kein Essen und kein Trinken. Die Tücher sind leer. Wären wir doch nur in Ägypten geblieben, da hatten wir wenigstens immer etwas zu essen!"

In Ägypten geblieben? Nein! Du bist froh, dass ihr da raus seid. Aber von diesem einen Fladenbrot und den paar getrockneten Datteln wirst du nicht lange satt bleiben. Und Durst hast du ebenfalls. Du siehst, wie Mose einige Schritte weitergeht. Du kannst ihn nicht hören, aber sein Mund bewegt sich. Ob er mit Gott spricht?

„Immer dieses Gemeckere." Hoschea schüttelt den Kopf. „Gott hat versprochen, bei uns zu sein. Er hat in Ägypten gezeigt, dass er der starke und lebendige Gott ist. Er hat uns im Roten Meer beschützt und führt uns mit der Wolken- und Feuersäule. Und er hat gesagt, dass wir ihn an seinem Berg anbeten und in ein gutes Land kommen werden. Dann ist er doch auch auf dem Weg dorthin bei uns." Hoschea ist sich sicher. Und da kommt auch Mose zurück.

„Gott wird für uns Brot vom Himmel regnen lassen." Brot vom Himmel? Wie soll das denn funktionieren? Hoschea scheint keine Bedenken zu haben. Er strahlt. Um dich herum siehst du aber lauter skeptische Gesichter.

Mose spricht mit fester Stimme: „Heute Abend werdet ihr merken, dass Gott es war, der euch aus Ägypten geführt hat. Gott kennt euren Hunger. Er hört auch euer Schimpfen. Gott wird uns jeden Tag mit Himmelsbrot, mit Manna versorgen. Es wird immer genau für diesen einen Tag reichen. Danach kann man es nicht mehr essen. Daran sehen wir: Jeden Tag dürfen wir uns ganz neu auf Gott verlassen. Er sorgt für uns."

Und Mose spricht noch weiter: „Am Morgen werdet ihr Brot bekommen, bis ihr satt seid, und am Abend wird Gott euch Fleisch zu essen geben. Daran seht ihr, dass Gott nicht nur gerade so genug gibt. Gott beschenkt uns im Überfluss, er gibt mehr, als wir eigentlich brauchen."

Und tatsächlich! Gott sorgt auf wundersame Weise für genug Essen. Morgens bedeckt Mannabrot den Wüstenboden zwischen den Steinen und Dornenbüschen. Am sechsten Tag der Woche könnt ihr doppelt so viel in eure Tonkrüge sammeln. Der siebte Tag ist der einzige, an dem kein Manna in den Vorratskrügen faulig wird. Es ist ein Pausentag mitten in den Strapazen der Wüstenwanderung.

Hattest du dich eben noch nach Brötchen und Kakao gesehnt? Dieses Manna ist süß wie Honigkuchen. Gott kümmert sich nicht nur darum, dass der Magen nicht mehr knurrt, es schmeckt auch noch köstlich!

So viele Krümel! Wenn du genau hinschaust, siehst du, dass einige Krümel mit einem Buchstaben gekennzeichnet sind. Verbinde diese Krümel in der Reihenfolge des Alphabets. Was kannst du erkennen?

Auf dem Weg begegnen dir drei Zahlen. Füge sie hintereinander, um deine neue Seitenzahl herauszufinden. Solltest du den Weg nicht finden, keine Sorge – in den Tipps und Lösungen auf S. 36 wird dir geholfen!

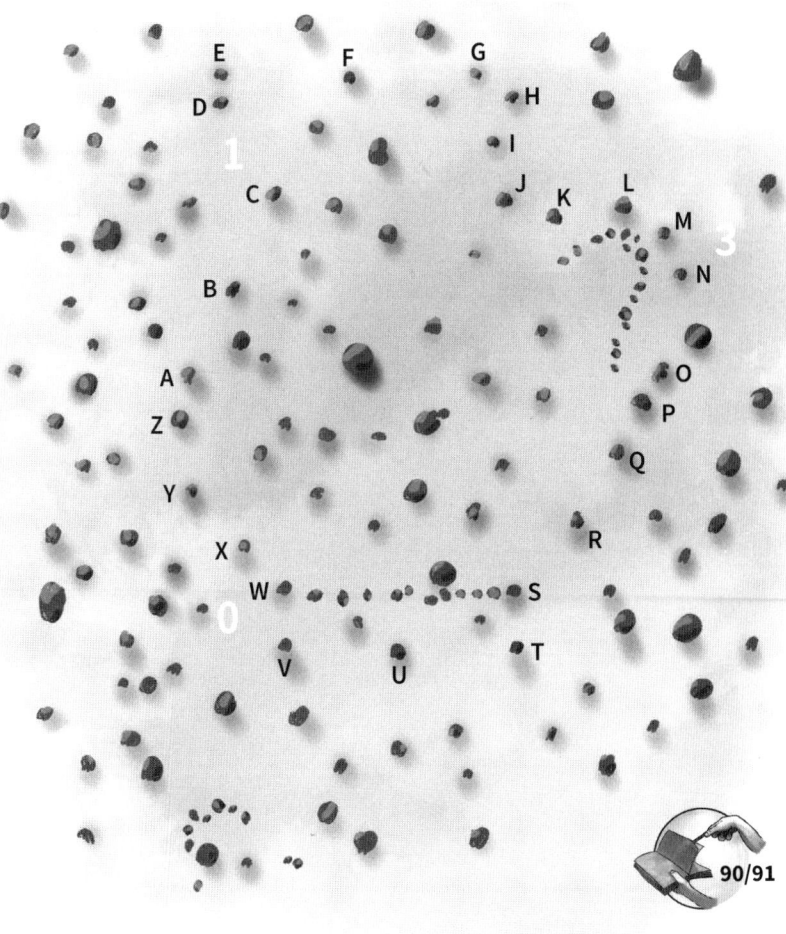

90/91

Gott möchte sich also allen auch mit seiner Stimme vorstellen und von jedem verstanden werden. Im Wasser am Fuß des Berges wäschst du dein Obergewand, das Mirjam dir damals in Ägypten gegeben hat. Zum Trocknen legst du es in die Morgensonne. Der ganze Staub und Dreck der letzten Tage ist gar nicht so leicht von der Haut zu kriegen, schließlich ist das Wasser eiskalt. Eine schöne warme Dusche oder noch besser eine Badewanne wäre jetzt sicherlich hilfreich! Das erinnert dich an zu Hause … Aber bevor du mit Grübeln anfangen kannst, kommt Josua auf dich zu.

Er hat die letzten drei Tage damit verbracht, Mose bei den Vorbereitungen zu helfen. „Es ist bald so weit! Gott wird so laut sprechen, dass wir ihn hören werden!" Schnell schlüpfst du in dein noch leicht feuchtes Obergewand. Die heiße Sonne wird es schon fertig trocknen. Erwartungsvoll schaust du in Richtung Berg.

Und damit bist du nicht allein. Das ganze Volk wartet darauf, dass auf dem Berg etwas passiert. Die Bergspitze ist von einer dichten Wolke umgeben. Die wird auf einmal dunkler und dunkler. Außerdem wird sie größer und breitet sich immer weiter über den gesamten Berg aus. Es ist kaum noch etwas von den Felsen zu sehen.

Du versuchst, durch die Wolke hindurchzusehen. Beginne am rechten Seitenrand und schneide entlang der gestrichelten Linien. Klapp die Wolke dann nach oben, um durch die Wolkenwand schauen zu können.

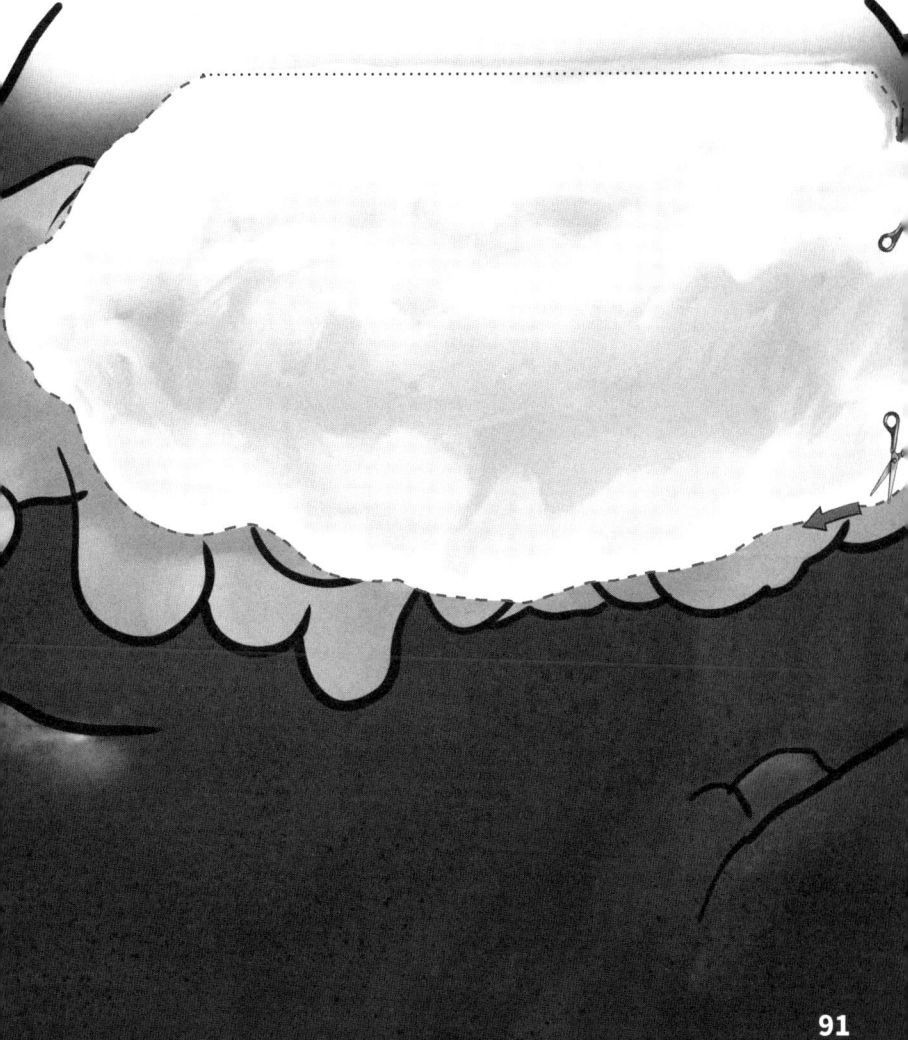

Es ist wirklich nichts zu erkennen. Aus der dichten dunklen Wolke zucken plötzlich Blitze, ihr hört krachenden Donner und lauter Posaunenschall lässt euch zusammenzucken.

Die Donnerschläge sind ohrenbetäubend laut und das Echo hallt von den gegenüberliegenden Bergwänden wider. Mose winkt euch herbei. Er nähert sich dem Berg und ihr folgt ihm langsam. Dabei zittern deine Beine. Und das nicht nur vor Angst. Der Berg hat angefangen zu wackeln und es fühlt sich an, als rumpelte direkt unter euch ein Erdbeben. Außerdem raucht es, als würde der Berg brennen. Mose verschwindet auf dem Berg in der dichten Wolke.

Was passiert jetzt?
Öffne die nächste Seite
und sieh vorsichtig nach.

94/95

Die Klänge der Posaunen werden immer lauter und neben dir kniet Josua sich in den Staub. Auch Mirjam und der Rest des Volkes – sie alle fallen auf ihre Knie. Gott ist wirklich ein großer und mächtiger Gott!

Und da hört ihr, wie Gott seine Gebote verkündet. Das sind die Zeichen, an denen alle Menschen erkennen sollen, dass dieses Volk einen Bund, eine enge Verbindung mit Gott hat.

Gott stellt sich vor als der Gott, der das Volk aus Ägypten befreit hat. Er fordert alle auf, keine anderen Götter außer ihm zu haben. Auch soll sich das Volk kein Götzenbild anfertigen, was es verehren würde. Gott ordnet an, dass sein Name nicht missbraucht werden soll.

Er erklärt, dass er in sechs Tagen Himmel und Erde geschaffen hat und am siebten Tag, dem Sabbat, ausgeruht hat. Deswegen segnet er den Sabbat auch als Ruhetag für das Volk. Das ist jetzt ein besonderer Tag. Das hast du ja selbst schon erlebt. Du schmeckst es an jedem siebten Tag, seit das Manna vor euren Zelten liegt. Das ist der Pausentag, an dem ihr nichts aufsammeln müsst.

Und dann gibt Gott Regeln für das Miteinander der Menschen: „Ehre deinen Vater und deine Mutter. Du sollst nicht töten. Du sollst nicht die Ehe brechen. Du sollst nicht stehlen. Du sollst keine falsche Aussage über einen deiner Mitmenschen machen und du sollst den Besitz deines Nächsten nicht begehren."

Gott bietet den Menschen einen Bund, diese besondere Freundschaft an. Und damit die Menschen auch wissen, wer Gott ist, lernen sie ihn durch die Gebote näher kennen.

Mit welchen Worten stellt er sich dem Volk vor? Setze die Anfangsbuchstaben ein! Auf S. 47 kannst du nachsehen, ob du die Bilder richtig erkannt hast.

Ich ____ ____ ____

der ____ ____ ____ ____,

dein ____ ____ ____ ____

Als die Menschen das Donnern und den Posaunenschall hören und die Blitze und den Rauch sehen, zittern sie vor Angst und sagen zu Mose: „Rede du zu uns, dir wollen wir zuhören. Gott soll nicht direkt zu uns sprechen."

Mose versucht sie zu beruhigen: „Habt keine Angst! Euer Respekt vor Gott soll euch davon abhalten, Schuld auf euch zu laden!" Aber keiner wagt es mehr, näherzukommen. Alle sind sich einig: Mose soll allein mit Gott sprechen. So bleibt das Volk in einiger Entfernung stehen, während er sich der dunklen Wolke nähert.

Als Mose erneut vor euch steht, wiederholt er, was Gott gesagt hat. Du hast immer noch weiche Knie und staunst wieder einmal über Josua. Er muss sich nicht einmal räuspern und seine Stimme hört sich fest an: „Alles, was Gott gesagt hat, wollen wir tun!" Diese Entscheidung, die das ganze Volk getroffen hat, und auch die Worte Gottes schreibt Mose auf.

Aaron und seine Söhne bauen am Fuß des Berges einen Altar, um Gott Dankbarkeit zu zeigen. Für diesen hohen Tisch sammeln sie dicke Steine und stapeln sie aufeinander. Daneben stellen sie zwölf Gedenksteine auf. Diese stehen für die zwölf Großfamilien des Volkes. Die werden „Stämme" genannt. Jeder soll erkennen, dass das ganze Volk den Bund Gottes annehmen will.

Solch ein Altar ist für dich sehr ungewöhnlich. Aber Josua kennt das aus den Geschichten und Berichten seiner Vorfahren.

Welcher Schatten gehört zu dem Gedenkstein, auf den der Pfeil zeigt?
Wenn du unsicher bist, hilft dir S. 80.

Du hast dich ein klein wenig von dieser beeindruckenden Begegnung erholt, als Josua zu dir kommt. „Mose wird noch einmal auf den Berg gehen. Und du wirst es nicht glauben: Ich soll dabei sein! Ich, Josua! Gott ruft mich tatsächlich mit Mose auf den Berg!" Josua strahlt über das ganze Gesicht. Wie mutig von ihm! Josua klopft dir auf die Schulter. „Du wirst eine Zeit lang ohne mich auskommen müssen. Wer weiß, wie lange wir auf dem Berg bleiben. Sag Mirjam einen lieben Gruß von mir!" Und schon macht er sich mit langen Schritten auf den Weg zu Mose. Was er hinterher wohl berichten wird?

7. KAPITEL,

in dem Gott zeigt: Er ist immer da!

In der letzten Nacht hast du schlecht geschlafen. Es sind schon viele Tage und Wochen vergangen, seit Josua und Mose auf den Berg gewandert sind. Eine Woche lang hast du noch die Tage und Nächte gezählt. Die Wolke liegt nun schon lange um den Berg. Ihr wisst, dass Mose darin verschwunden ist. Und genauso sind die Tage verschwunden. Ob es nun schon vierzig Tage sind, seitdem du Mose und Josua das letzte Mal gesehen hast? Aaron ist jetzt allein der Leiter für das Volk.

Du machst dich auf den Weg zu Aarons Zelt und staunst, wie viele Männer sich davor versammelt haben. „Wo bleibt Mose denn? Wie lange will er noch auf dem Berg sein? Und was, wenn er nicht mehr zurückkommt? Müssen wir nicht auch über ein Leben ohne Mose nachdenken?" Immer mehr Menschen gesellen sich dazu. Sie werden lauter und lauter. „Und die Wolke bewegt sich auch nicht mehr. Gott hat doch gesagt, wir sollen in das versprochene Land gehen. Ohne wandernde Wolke brauchen wir einen eigenen Gott, der mit uns unterwegs ist!"

Du siehst, wie Aaron vor sein Zelt tritt. Die Stimmen werden leiser. Alle schauen ihn erwartungsvoll an. Wie wird er reagieren? Das Volk will einen eigenen Gott, mit dem es nach Kanaan zieht. Aber was ist mit Mose und Josua? Und was ist mit dem Bund, den das Volk mit dem lebendigen Gott eingegangen ist?

„Ihr wollt einen eigenen Gott?", fragt Aaron in die Menge. „Dann bringt mir die goldenen Ohrringe, die ihr von euren ägyptischen Nachbarn bekommen habt!"

Alle sollen ihren goldenen Schmuck bringen? Was hat Aaron denn damit vor? Er wird doch nicht etwa auf die Forderungen des Volkes eingehen!

Irgendwo hast du solch einen Schmuck doch schon einmal gesehen. Ach ja! Das war auf dem großen Plakat an der Stadtmauer. Wie gerne würdest du diesem ungemütlichen Trubel hier jetzt entgehen und zu Hause sein …

Hinter Aarons Zelt, etwas abseits bei den zerklüfteten Felsen, lodert ein großes Feuer. Aaron lässt sich das gesamte Gold dorthin bringen. Über den Flammen schmilzt er den Schmuck in einem Kessel, bis er ihn verarbeiten kann. Solche Arbeiten kennt er schließlich von den Baustellen in Ägypten.

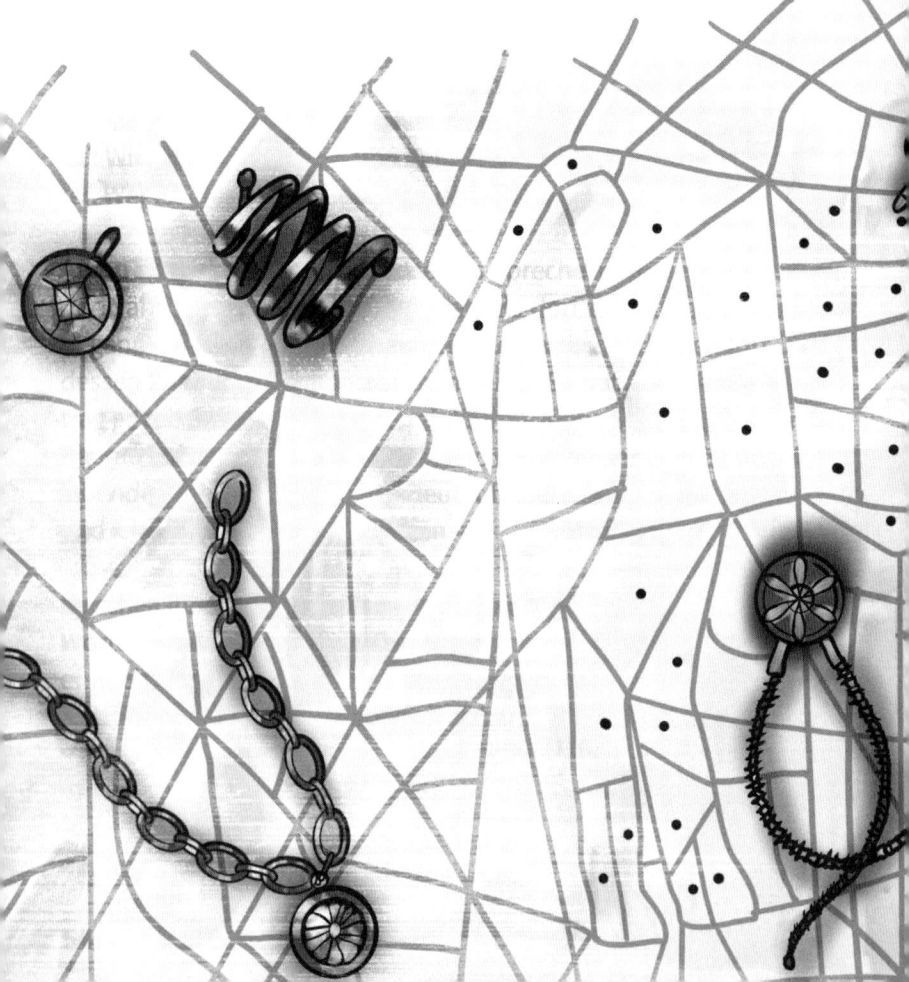

Male alle Flächen mit einem Punkt aus – dann kannst du erkennen, was aus dem Goldschmuck wird. Auf der nächsten Seite siehst du, wie das Volk darauf reagiert.

„Ein goldenes Kalb!" Das Volk jubelt, als Aaron die Statue fertiggestellt hat. Du wünschst dir sehnlichst, dass Josua und Mose endlich von diesem Berg zurückkommen. Aber noch immer ist nichts von ihnen zu sehen. „Wir wollen ein Fest veranstalten!" Was? Wer hat das gerufen? Du schaust dich um und siehst in so viele lachende und jubelnde Gesichter, dass du deinen Augen kaum traust. Ein Fest für diese Statue? „Das soll unser Gott sein!"

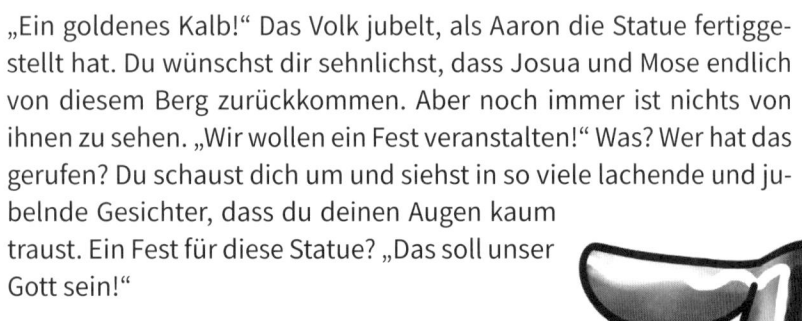

Das gibt es doch nicht! Gott hat das Volk aus Ägypten geführt und als Zeichen dafür sollen die Menschen doch hier am Gottesberg ein Fest für **ihn** feiern. Und nicht für ein goldenes Kalb!

Jetzt musst du schnell sein. Welche Gründe würdest du den Leuten zurufen, warum sie das Kalb nicht anbeten sollten? Schreibe oder male alles auf!

Du hast dir wirklich Mühe gegeben, das Volk davon zu überzeugen, das Kalb nicht anzubeten. Aber nichts hilft. Jetzt jubeln die Männer und Frauen auch noch dem goldenen Kalb zu. Einen Satz kannst du besonders deutlich aus der Menge heraushören: „Das ist Gott, der uns aus Ägypten geführt hat!" Das soll Gott sein? Eine Statue, die von den Menschen selbst hergestellt wurde? Die kann doch unmöglich den lebendigen Gott ersetzen! Aber das Volk feiert tatsächlich ein Fest rund um die Statue.

Gerade als das Fest am lautesten ist und die Menschen um das Kalb herumtanzen, siehst du in der Ferne, wie Mose und Josua vom Berg herabsteigen. Als die beiden näherkommen, erkennst du, dass Mose zwei Steintafeln trägt.

Die zwei Männer bleiben stehen. Sie schauen auf die tanzenden und singenden Menschen und das goldene Kalb. Ihre Augen sind weit aufgerissen. Beide sehen gleichzeitig entsetzt, traurig und wütend aus. Mose hebt die Steintafeln hoch über seinen Kopf und schmettert sie auf den Boden. Die Tafeln zerspringen und zersplittern auf dem felsigen Grund.

Josua nimmt dich zur Seite. „Was ist hier los? Was ist diesem Volk nur eingefallen? Wir waren vierzig Tage auf dem Berg – und hier ist alles so, als habe es nie Gottes Rettung aus Ägypten gegeben? Die Steintafeln, das waren die Bundestafeln mit den Zehn Geboten! Das war Gottes Zeichen, dass er eine enge Verbindung zu uns haben will! Mit diesem goldenen Kalb hat das Volk den Bund zerbrochen, noch bevor es die Steintafeln gesehen hat. Genau das hat Mose mit dem Zerschlagen der Tafeln gezeigt."

Du schaust auf die Steinsplitter. Alles scheint kaputt und verloren.

Wie lange waren Mose und Josua weg?

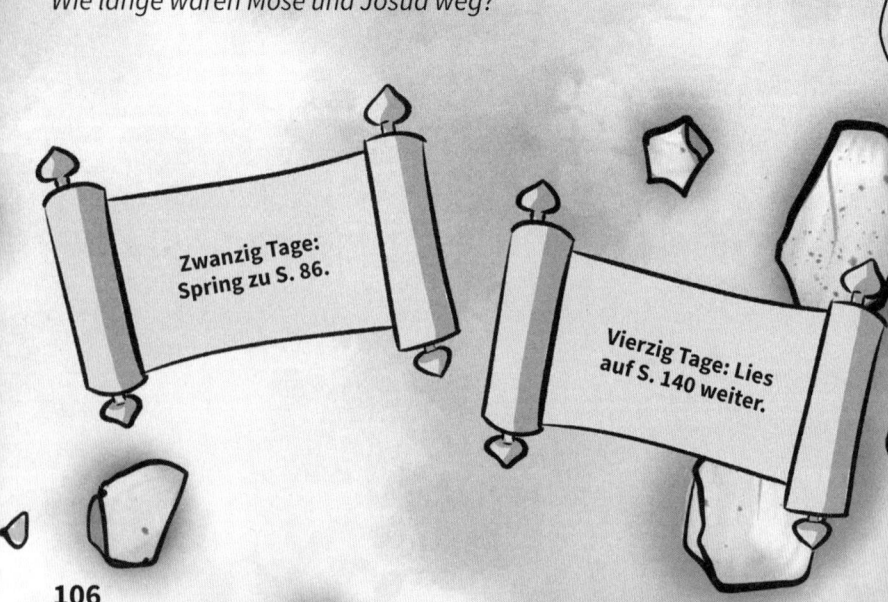

Zwanzig Tage: Spring zu S. 86.

Vierzig Tage: Lies auf S. 140 weiter.

Mose bleibt wieder vierzig Tage und Nächte oben auf dem Berg. Und dieses Mal hat er gar nichts zu essen oder zu trinken mitgenommen! Aber Gott wird ihn sicherlich versorgen, während er die Zehn Gebote auf die steinernen Tafeln schreibt. Das Warten seid ihr mittlerweile gewohnt. Es kommt auch keiner mehr auf die Idee, ein goldenes Kalb als Ersatz zu gießen. Alle sind gespannt, wie die Steintafeln wohl aussehen werden.

Erinnerst du dich, wie diese Gebote lauten? Auf S. 94 und 95 hat das Volk sie von Gott direkt gehört. Kannst du sie in der richtigen Reihenfolge auf deine Steintafeln schreiben? Wenn dir die Linien Kopfzerbrechen bereiten, kannst du auf S. 47 nach der Lösung schauen.

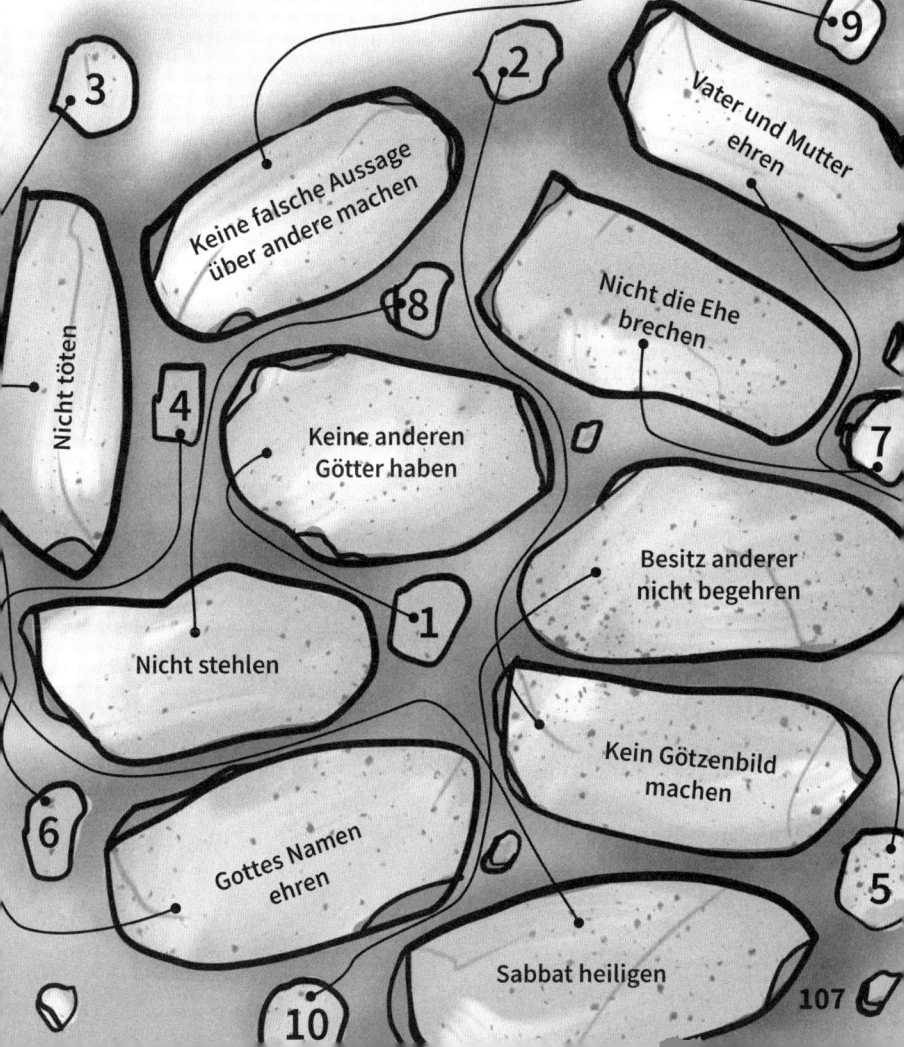

9

3 · 2

Vater und Mutter ehren

Keine falsche Aussage über andere machen

Nicht die Ehe brechen

·8

Nicht töten

4

Keine anderen Götter haben

7

Besitz anderer nicht begehren

·1

Nicht stehlen

Kein Götzenbild machen

6

Gottes Namen ehren

5

Sabbat heiligen

10

Als Mose vom Berg herunterkommt, geht ein Raunen durch die Menge. Er hat die steinernen Tafeln im Arm und sein Gesicht leuchtet. Für jeden ist zu sehen: Mose hat mit Gott gesprochen. Das ist wirklich ein besonderer Gott, der direkt mit Menschen spricht!

Und Gott möchte nicht nur Mose begegnen. Er möchte mitten unter seinem Volk sein! Deswegen sagt Mose: „Gott hat euch besondere Fähigkeiten gegeben. Manche können Kunstwerke entwerfen und Gegenstände aus Gold, Silber und Bronze schaffen. Andere können Edelsteine schleifen oder Holz verarbeiten. Einige sind begabt im Handwerk und können weben und sticken. Wieder andere können besonders gut organisieren und Arbeit verteilen. Jeder von euch wird gebraucht! Wir bauen ein besonderes, neues Begegnungszelt. Darin sollen Priester arbeiten, die außergewöhnliche Gewänder tragen. Wir wollen all unsere besten künstlerischen Gaben einsetzen!"

Das lassen sich die Männer und Frauen um dich herum nicht zweimal sagen. Endlich gibt es etwas zu tun! Und nicht nur irgendetwas. Sie können ihre Talente für Gott einsetzen.

Dafür bringen sie die verschiedensten Dinge zu Mose. Sie sammeln all ihr Gold, ihr Silber und ihre Bronze, blaue und rote Stoffe, feinen Leinenstoff, Ziegenhaar, rot gefärbte Widderfelle, feines Leder, glänzendes Holz, Lampenöl, Zutaten für Salböl und für duftendes Räucherwerk, glänzend schwarze und farbige Steine für die Priesterkleidung. Jeder möchte etwas beitragen, um Gottes Zelt zu einem ganz besonderen Ort zu machen. Und Gott hat einen genauen Plan, wie alles verarbeitet werden soll.

Es wird gemessen und gesägt, gehämmert und gebaut. Wolle wird gesponnen und gewebt und Stoffbahnen werden zugeschnitten. Alle sind fleißig, um dieses neue Begegnungszelt fertig zu bauen, das Stiftshütte heißen soll. Aaron und seine Söhne bekommen als Priester besondere Kleider, um in der Stiftshütte zu arbeiten und Gott zu dienen.

Gott hat genau bestimmt, wie die Stiftshütte aussehen soll. Auf der nächsten Seite kannst du sie nachbasteln. Achte darauf, nur die gestrichelten Linien einzuschneiden, aber nicht die gepunkteten Falzkanten!

1. *Schneide die gestrichelten Linien (A) ein.*

2. *Blätter S. 111 um. Falte den oberen Teil an der gepunkteten Linie nach unten und den unteren Teil nach oben. Das werden nachher deine Seitenwände.*

3. *Klapp die Seitenwände wieder auf. Knicke dann den linken Teil an der gepunkteten Linie (B) nach rechts. Nun kannst du die Stiftshütte aufbauen und beim Umblättern schauen, was sich darin befindet!*

Wenn du magst, dann male deine Stiftshütte an und verziere sie noch mit weißen, blauen und roten Streifen als Stoffbahnen.

A

A

Aaron und seine Söhne bekommen einen besonderen Auftrag von Gott: Sie dürfen als Einzige in diesen inneren Teil der Stiftshütte gehen und als Priester darin arbeiten. Dort gibt es einen Tisch mit Broten, einen großen goldenen Kerzenleuchter und eine besondere Truhe für die Steintafeln der Zehn Gebote. Diese Truhe ist ganz mit Gold überzogen und Mose nennt sie Bundeslade.

B

Jetzt ist alles fertig. Es gab so viel zu tun und zu beachten, aber nun sind die Arbeiten beendet. Die Bundeslade hat sogar goldene Griffe und Tragestangen bekommen, damit sie transportiert werden kann. Du schaust nach oben. Die Wolke! Die Wolke über der Stiftshütte, sie hängt nicht mehr tief über dem Zelt! Gott möchte, dass es weitergeht. Überall wird gepackt und die Vorfreude ist spürbar: Das ist der Aufbruch in Richtung Kanaan! Gott wird das Volk weiter durch die Wüste führen.

Josua klopft dir auf die Schulter. „Bist du bereit? Wir machen uns auf den Weg in die Heimat. Gott ist ein guter Gott, der seine Versprechen hält und bei uns ist!"

Heimat hört sich gut an ...

Welche Veränderungen liegen wohl noch vor Mose, Aaron und Mirjam? Das erlebst du im letzten Kapitel ab S. 145!

Du kommst von S. 128/129?
Bei deiner rasanten Fahrt durch deine neue Umgebung konntest du nicht alles sehen, was am Wegrand stand. Macht nichts – blätter am besten direkt um auf S. 114!

Neben dir steht der Junge. Er beobachtet dich. „Du guckst so, als hättest du das alles noch nie gesehen. Dabei arbeiten wir hier doch jeden Tag und das schon seit langer Zeit! Das hier ist mein Arbeitsplatz. Für welche der Aufgaben warst du denn eingeteilt?"

Eingeteilt?

„Na, komm schon! Waren es die Königsgräber oder der neue Palast für den Pharao? Bist du für Gerüste und Plattformen aus Schilfrohr verantwortlich oder für das Füllen von Holzformen für die Lehmziegel? Oder gehörst du vielleicht zu den Arbeitern, die Stroh sammeln und mit Nilschlamm vermischen, damit die Ziegel von der Sonne hart getrocknet werden können?"

Königsgräber oder Palast? Du fasst dir an den Kopf. Das fühlt sich nach einer ordentlichen Beule an. Dieser Tag wird immer komplizierter …

„Schau mich nicht so groß an. Ich bin Hoschea. Und du wirst durch deine Beule doch nicht etwa vergessen haben, dass wir als Israeliten die neue Hauptstadt für Ägypten bauen sollen? Das ist Ramses-Stadt! Es soll schon früher hart gewesen sein, als wir noch für den Vater des Pharaos schuften mussten. Aber die Alten sagen, dass es schlimmer geworden ist. Alles soll noch schneller, noch höher und größer werden. Wir arbeiten hier an den Vorbauten für den Palast des Pharaos." Hoschea zeigt auf die Wand, die neben dem Gerüst in die Höhe wächst. Gerade schleppen Arbeiter wieder neue Ziegel heran. Ein Gerüst. Und Ziegel. Das erinnert dich an die Stadtmauer. Zu Hause!

Plötzlich fängt das Gerüst bedrohlich an zu wackeln und du wirst aus deinen Überlegungen gerissen. Von unten wiehern Pferde, die galoppierenden Hufe donnern in einer Wolke aus Staub und Sand und du siehst unter euch kleine Kutschen, in denen jeweils ein Mann steht. Jeder dieser Männer trägt ein Tuch als Kopfbedeckung, das nach hinten weht. Vielleicht können sie dir helfen, nach Hause zu kommen?

Was tust du?

Wenn du glaubst, es ist besser, versteckt zu bleiben, leg dich flach auf den Boden der Plattform und lies weiter auf S. 40.

Wenn du dich schnell streckst und auf der Plattform mit den Armen fuchtelst, um die Aufmerksamkeit der Reiter auf dich zu lenken, lies weiter auf S. 72.

„Am Horizont, da hinten bei den Hügeln, sind riesige Staubwolken zu erkennen!" Hoschea spricht etwas schneller als sonst, als er in die Ferne zeigt. Staubwolken? Aus der Richtung, aus der ihr gekommen seid? Du hältst die Luft an. Wenn das mal nicht schon die wütenden Ägypter sind. Was, wenn der Pharao Ernst macht? Wenn er alle seine Arbeiter wieder zurück nach Ägypten schleppen will? Er wird mächtig wütend sein nach all dem, was er durch die Plagen erleben musste.

Du schaust zu Mose und Aaron. Die beiden haben Mirjam zu sich gerufen. Sie blicken auch immer wieder in die Ferne. Die Staubwolke wird größer und größer. Wenn der Pharao mit seinen Pferdestreitwagen, seinen Reitern und all seinen Kriegern kommt, was soll dann aus euch werden? Mit Eseln und Kühen, mit Teigschalen und Wanderstäben werdet ihr nicht gegen ein ägyptisches Heer kämpfen können.

Auch wenn Hoschea, Mirjam, Mose und Aaron ruhig bleiben, das Volk ist alles andere als ruhig. Die Männer und Frauen reden wild durcheinander, du spürst, dass sie große Angst haben. Einige strecken ihre Arme in den Himmel und rufen zu Gott um Hilfe. Aber viel lauter sind die Stimmen, die schimpfen.

„Mose, das ist alles deine Schuld! Wie konntest du uns hierherbringen? Wir haben doch schon in Ägypten gesagt, dass wir von deinem Plan nichts halten. Wir wären gerne in Ägypten geblieben und hätten weiter für den Pharao gearbeitet. Dort hatten wir wenigstens ein Dach über dem Kopf. Hier in der Wüste werden wir jetzt sterben! Vielleicht sollten wir uns lieber gleich ergeben!"

Mose versucht, die schimpfende Gruppe zu beruhigen: „Habt keine Angst!" Er bleibt auch dann ruhig, als die Gruppe immer größer wird. „Wartet ab und seht, wie Gott uns heute retten wird. Der Pharao kommt mit seinem ganzen Heer, aber ich bin mir sicher, dass Gott stärker und größer ist als alle diese Krieger zusammen. Gott selbst wird für uns kämpfen. Vertraut ihm!"

Du kannst verstehen, dass es in dieser Situation nicht einfach ist, ruhig zu bleiben. Denn an Flucht ist nicht zu denken. Von hinten nähert sich in erschreckendem Tempo diese immer größer werdende Staubwolke, und winzig klein sind schon die ersten Pferde zu erkennen. Aber selbst, wenn man schneller rennen könnte als die Pferde: Es gibt gar keinen Ausweg, denn direkt vor euch befindet sich Wasser. Ihr steht am Ufer des Roten Meeres. Die Wolkensäule schwebt über dem Ufer. Ihr seid eingeschlossen.

„Wir haben einen Auftrag von Gott!" Die Stimme von Mose ist laut und fest. „Wir brechen auf, es geht weiter." Es geht weiter? Aufbruch? Aber wohin? Außerdem wird es schon wieder Abend. Und die Ägypter kommen doch. Du schaust dich verwirrt um.

Da bewegt sich die Wolkensäule. Sie steht jetzt zwischen dem Volk und dem Heer der Ägypter. Für die Kriegswagen herrscht Dunkelheit im dichten Nebel der Säulenwand. Für dich und das Volk Israel leuchtet die Wolkensäule hell in die Nacht hinein.

Eine Wolkensäule, die als Schutz zwischen den Ägyptern und dem Volk Israel steht? Male Hoschea, Mirjam, Mose und Aaron in das Bild. Vor euch liegt das Wasser.

Da nimmt Mose seinen Hirtenstab und streckt seine Hand über das Meer. Du spürst, wie ein starker Wind aufkommt. Die Wolkensäule bleibt unverändert, aber irgendetwas passiert mit dem Wasser. Vor euch formt sich ein langer Gang durch das Meer. Links und rechts davon steht das Wasser hoch wie eine Mauer. „Er hat es versprochen! Seht ihr das?", jubelt Hoschea. „Das ist Gott! Er hat gesagt, dass er uns vor den Ägyptern rettet! Siehst du, wie Gott eingreift?"

Hier kannst du Wände aus Wasser entstehen lassen!
Male die Wellen an und trenne diese Seite aus dem Buch. Lege sie so auf einen Tisch, dass du diesen Text gut lesen kannst. Lege nun einen Bleistift oder einen Buntstift an die untere Kante des Blattes. Wickle das Papier auf den Stift, bis der Text beginnt. Mach das auch mit der gegenüberliegenden Seite. Dadurch wellt sich das Papier. Schneide die Wellen an den gestrichelten Schnittlinien ein (nur bis zum Text!). So kannst du dir noch besser vorstellen, wie es sich wohl anfühlt, vor diesem Meeresgang zu stehen.

Staunend darfst du auf S. 30 weiterlesen.

Es wird gesungen, und Mirjam schüttelt eine Tamburin-Trommel mit Schellen über ihrem Kopf. Alle Frauen recken ebenfalls die Arme in die Luft und tanzen Mirjam hinterher. Noch spät am Abend, als du auf deiner Schilfmatte liegst, klingt dir Mirjams Stimme im Ohr: „Singt dem Herrn!"

Hätte in dem Wassergang nicht auch ein kleiner Abzweig für dich nach Hause sein können? Du schaust dich um. Kleine Feuer knistern, hier wird eine Harfe gezupft, dort wird noch gesummt oder erzählt. Du machst die Augen zu. Gott kann dort Wege schaffen, wo niemand sie vermutet. Er wird auch deinen Weg nach Hause kennen. Für heute muss es reichen, dass ihr alle mit dem Leben davongekommen seid.

Mit dem nächsten Kapitel geht es auf S. 81 weiter!

Neun Plagen haben Mose und Aaron schon angekündigt. Und immer wieder weigert sich der Pharao.

Jetzt hat Gott einen neuen Auftrag für sein Volk. Mose und Aaron versammeln alle, um ihnen mitzuteilen, was passieren wird. „Gott hat versprochen, uns aus der Hand des Pharaos zu retten. Er hat uns gezeigt, dass er größer ist als jeder ägyptische Tier- und Naturgott. Für Gott sind wir nicht nur sein Volk, sondern wie sein erstgeborenes Kind. Er wird dem Pharao zeigen, dass er sein Kind beschützt. Gott ist der Einzige, der Leben erhalten kann. Wenn ihr euch und eure Familien unter diesen Schutz stellen wollt, müsst ihr die Pfosten eurer Türen kennzeichnen. Jeder soll sehen: Hier wohnen Kinder des lebendigen und großen Gottes. Dann werdet ihr alle diese Nacht überleben. Die Erstgeborenen der Ägypter jedoch werden sterben. Der Pharao wird sehen, dass er die Erstgeborenen von Ägypten nicht beschützen kann. Nur Gott kann Leben retten!"

Du schluckst. Mirjam legt zur Beruhigung eine Hand auf deinen Arm. Ihr hört weiter zu: „Das wird die Nacht, in der wir aus Ägypten befreit werden. Dazu hat Gott ein besonderes Essen für uns alle vorgesehen. Wir nennen es das Passahmahl. Jedes Jahr werden wir genau dieses Essen wiederholen. Es ist unsere Erinnerung und unser Zeichen dafür: Gott führt uns aus Ägypten heraus. Er ist da und rettet!"

Du sitzt mit Hoschea und seiner Familie zusammen. Ihr seid für die Reise angezogen. Tücher, in die das Gepäck eingewickelt wurde, liegen bereit. Dazu lehnen Wanderstäbe an der Wand.

An den Türpfosten ist zu sehen, dass dieses Haus dem lebendigen Gott als Retter vertraut. Mit all dem, was ihr zum Passahmahl esst, zeigt ihr: Es ist die Nacht, die Gott für den Auszug aus Ägypten geplant hat. Da gibt es zum Beispiel bittere Kräuter und die Fladenbrote, die ganz flach und fest sind, weil sie in aller Eile und ohne Sauerteig gebacken werden mussten.

Auf dem Tisch liegen viele Fladenbrote. Welcher der beiden mittleren Fladen ist größer?

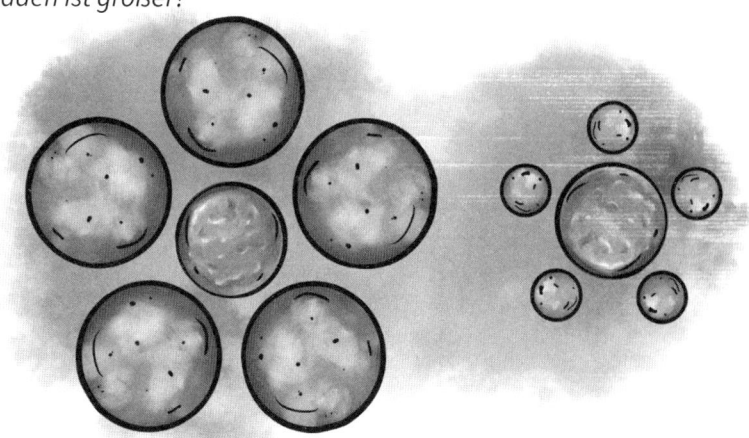

Wenn du wissen willst, ob du richtig geraten hast, halte diese Seite für den nächsten Satz vor einen Spiegel.

Und tatsächlich: Alles trifft so ein, wie Gott es gesagt hat. Der Pharao und alle Ägypter wollen nur noch, dass das Volk verschwindet. Sie geben den bisherigen Arbeitern so viele goldene Schüsseln, Teller und Schmuck mit, dass sie es kaum tragen können. Jetzt geht es los! Raus aus Ägypten. Es wimmelt nur so von Menschen, die sich auf den Weg machen. Gott hat gezeigt: Er ist größer als jeder ägyptische Gott und er hält sein Versprechen an das unterdrückte Volk.

Was ihr wohl mit Gott erleben werdet, wenn er euch den Weg aus Ägypten heraus zeigt?

Dieses Abenteuer
führt dich im nächsten
Kapitel zu S. 69.

Ihr habt gerade erst angefangen, für etwas Ordnung zu sorgen, da hört ihr, dass Mose zurück ist. Alle Ältesten aus dem Volk werden zusammengerufen. Auch Josua soll wieder dabei sein. Du stehst etwas abseits hinter einem Zelt und hörst zu.

Mose spricht mit lauter und starker Stimme: „Ihr habt erlebt, wie Gott uns aus Ägypten geführt hat. Wenn wir auf ihn hören, will er einen Bund mit uns schließen. Eine feste Freundschaft, wie eine Familie, wir gehören dann zu ihm. Wir sind das Volk Gottes. Seine Kinder. Wollt ihr auf Gottes Stimme hören und das tun, was er sagt?"

Kein Zögern. „Ja! Wir wollen auf Gott hören. Wir wollen seine Kinder sein und diesen Bund einhalten!" Alle sind sich einig. Mose und Aaron nicken. Mose wird also wieder zurück auf den Berg gehen. Dort wird er Gott ein weiteres Mal begegnen und ihm die Antwort der Ältesten aus dem Volk ausrichten. Es wird einen Bund mit Gott geben!

Für Mose geht es noch einmal Richtung Bergspitze. Die Wanderung dorthin ist ganz schön anstrengend. Findest du den Weg für ihn? Wenn du angekommen bist, kannst du weiterlesen.

Es dauert nicht lange, da kommt Mose wieder zurück. Dieses Mal spricht er nicht nur mit den Ältesten, sondern mit dem ganzen Volk: „Gott will sich mit mir ein weiteres Mal auf dem Berg treffen und aus einer Wolke zu uns sprechen. Dabei wird er uns seine Gebote mitteilen. Es wird das Zeichen für seinen Bund sein, wenn wir uns an diese Gebote halten. Und er wird so laut sprechen, dass ihr alle es hören werdet! Ihr habt drei Tage Zeit, um euch vorzubereiten. Wascht euch und eure Kleider."

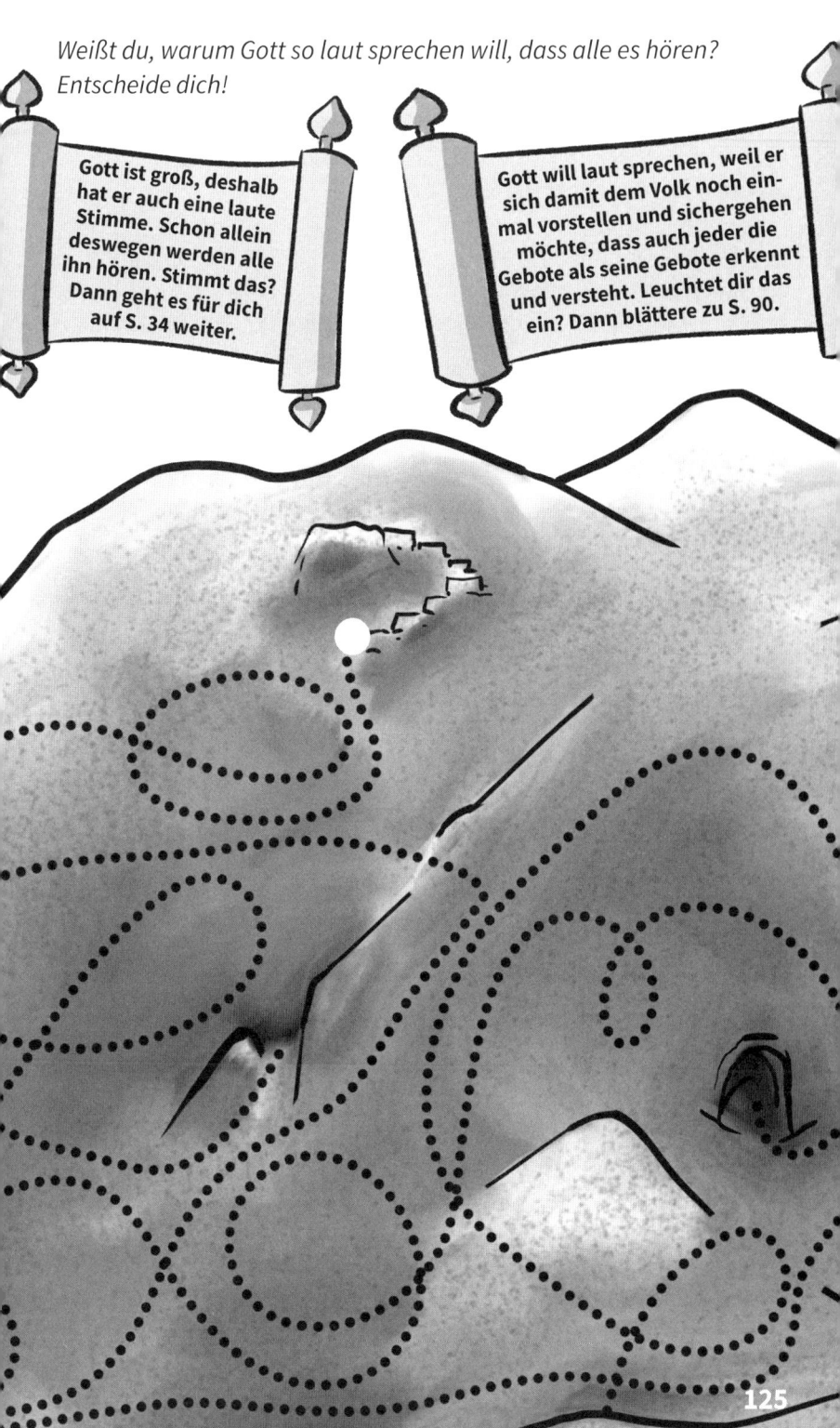

Weißt du, warum Gott so laut sprechen will, dass alle es hören? Entscheide dich!

Gott ist groß, deshalb hat er auch eine laute Stimme. Schon allein deswegen werden alle ihn hören. Stimmt das? Dann geht es für dich auf S. 34 weiter.

Gott will laut sprechen, weil er sich damit dem Volk noch einmal vorstellen und sichergehen möchte, dass auch jeder die Gebote als seine Gebote erkennt und versteht. Leuchtet dir das ein? Dann blättere zu S. 90.

Der Fremde steht immer noch vor dir. „Ich will dich ja nicht drängen, aber steh jetzt besser auf." Die Erwachsenen sind schon weitergegangen, bücken sich wieder nach ihren Ziegeln und greifen nach dem Stroh oder schichten die Steine zu Mauerteilen. Manch einer schaut ängstlich zu dir herüber.

Der Junge scheint weniger Angst zu haben. Er nickt dir aufmunternd zu, zieht dich hoch und zeigt auf ein wackeliges Gerüst aus Palmenstämmen und dicken Schilfrohren vor einer Mauer aus Lehmsteinen. Da sollst du hinaufgehen? Ob das hält? Er klettert vor dir geschickt von Strebe zu Strebe immer höher. Es schwankt, aber du brauchst einen Überblick, und eine Aussichtsplattform ist jetzt genau das Richtige. Die Aussicht ist beeindruckend!

So weit du sehen kannst, wird gebaut: gigantisch hohe Lehmbauten aus Ziegeln, unfassbar große Sandsteinblöcke, ein riesiger Palast mit mächtigen Säulen und Statuen in Höhe von drei oder vier Stockwerken. Die heiße Luft flimmert und du schaust über sandige und staubige Baustellen und unzählige Menschen, die an den Bauten arbeiten. Aber vielleicht solltest du lieber von „schuften" sprechen, denn wohin du auch blickst: Hier gibt es keine Baukräne, Lastwagen oder Planierraupen. Alles wird von Menschen bewältigt. Hier und da trottet höchstens mal ein dünner Esel neben den Arbeitern her.

In der Ferne kannst du eine hügelige und steinige Wüstenlandschaft erkennen, und gar nicht weit von dir werden Boote und Flöße am Ufer eines breiten Flusses entladen. Riesige Steinblöcke werden dort über dicke Holzstämme von Bord gerollt. Der weitere Flusslauf ist dicht mit Schilfrohr bewachsen.

Auf den Baustellen wird genau nach Plan gearbeitet. Schnapp dir einen Stift und zeichne den Plan in die unteren Kästchen ab. So kann es mit dem Bau vorangehen.

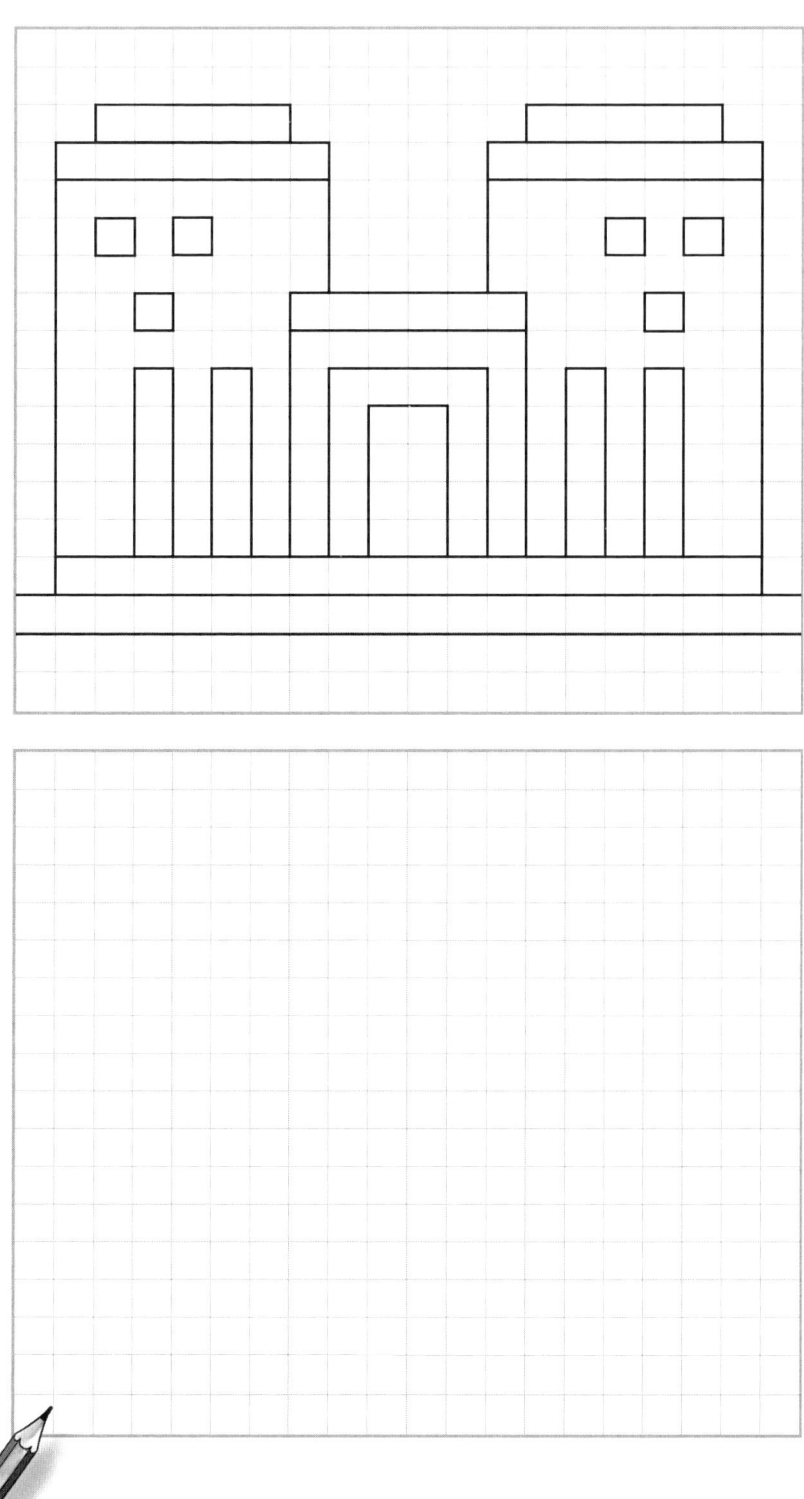

127

Es kann nicht schaden, wenn du dir die Umgebung einmal genauer ansiehst. Weil die Zeit aber knapp ist, musst du das in Höchstgeschwindigkeit tun.

Fahre mit einem Stift oder deinem Finger so schnell wie möglich die Straße entlang. An wie vielen Booten, Eseln und Krügen bist du vorbeigerast? Sie ergeben deine neue Seitenzahl.

Fertig gezählt?
Dann falte diese Ecke
nach vorne.

Boote   Esel   Krüge

_____ _____ _____

129

Tipp: Die Lösung ist
entweder
113 oder 114

Du hast zwischen den Krümeln einen Krug gefunden und es geht weiter. Von Lagerplatz zu Lagerplatz. Heute kommt es dir besonders heiß vor. Und das Laufen fällt dir immer schwerer. Denn aus den vorher kleinen Wüstensteinen sind mittlerweile größere Felsen und Geröll geworden. Der Gottesberg ragt ganz in der Nähe auf. Deinen Wasserschlauch konntest du auch schon länger nicht mehr füllen. Deine Zunge klebt dir schon am Gaumen.

Hoschea geht es ähnlich. Und Mirjams Schlauch ist auch leer. „Wir haben Durst!", ruft jemand aus der Menge.

Hoschea verdreht die Augen. „Jetzt geht das Geschimpfe wieder los. Aber Durst habe ich auch."

Die Unzufriedenheit breitet sich in der Menge aus und immer mehr Menschen rufen: „Wir verdursten. Mose, das ist allein deine Schuld! Gib uns Wasser zum Trinken!" Überall werden leere Schläuche in die Luft gestreckt. Du weißt schon, was Mose nun tun wird. Er entfernt sich einige Schritte von den schimpfenden Menschen und spricht mit Gott.

Mose kommt zurück und hält seinen Stab fest in der Hand. „Wir sind schon fast am Gottesberg. Gott hat mir einen Felsen gezeigt, aus dem für uns Wasser kommen wird. Die führenden Männer aus dem Volk sollen mit mir kommen."

In diesem Moment schaut Mose Hoschea an. „Hoschea, du kommst auch mit." Mose hat direkt mit Hoschea gesprochen! Er will ihn bei sich haben? Er kennt seinen Namen? Du schaust dich um. Ob es noch einen Hoschea gibt, den Mose eigentlich meint? Aber er zeigt genau auf deinen Freund. „Du wirst nicht mehr Hoschea heißen, sondern Josua. Komm mit!"

„Hast du gehört? Mose will mich dabeihaben! Ich bin mir sicher, jetzt werden wir wieder einmal sehen, dass Gott uns begleitet und für uns sorgt. Komm du doch auch mit!"

Bei all dem, was du hier in den letzten Tagen und Wochen erlebt hast, überrascht der neue Name dich kaum noch. Hoschea heißt jetzt also Josua und Mose will ihn in seiner Nähe haben. Ihr folgt Mose zu einem Felsen, der etwas abgelegen hinter spärlich bewachsenen Hängen hervorspringt.

Alles hier ist staubtrocken. Und der Felsen ist, nun ja, steinig und felsig eben. Wo soll es denn hier Wasser geben?

Male oder zähle auf, wofür du zu Hause von morgens bis abends Wasser brauchst. Was würdest du ohne tun? Die Lage ist ernst!

Wenn ihr hier kein Wasser findet, werden das Volk und die Tiere verdursten.

Dein Kopf schmerzt und du fantasierst schon die verschiedensten Getränke auf deiner Zunge. Kannst du das Kreuzworträtsel dazu lösen? Wenn du ein Wort nicht weißt, kannst du auf S. 38 nachsehen.

1) Dieser Saft wird aus Früchten gepresst, die genauso heißen wie ihre Farbe.

2)    3)    4)

5) Mit diesem Getränk kann man sich auch die Hände waschen.
6) Er wird mit heißem Wasser gemacht.

Mose hebt seinen Stab in die Höhe. „Gott hat mir einen Auftrag gegeben", sagt er und schlägt auf den Felsen.

Was könnte es nun für die erstaunten Ältesten des Volkes, für Josua und dich zu sehen geben? Ergänze an den Buchstaben die Striche in Pfeilrichtung immer bis zum nächsten Punkt.

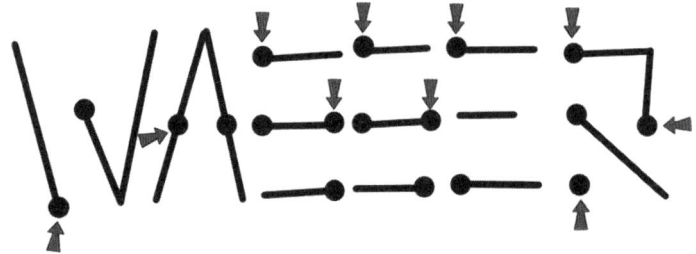

„Wasser! Hier sprudelt Wasser!", rufen die Ältesten durcheinander. „Wasser aus einem Felsen?"

Mose nickt. „Gott hat uns doch versprochen, uns zu versorgen." Es ist unglaublich: Mitten in der ausgedörrten Landschaft gluckert plötzlich frisches, kühles Wasser.

Die Menschen stehen an, um Wasser zu bekommen. Kannst du die Erwachsenen nach den folgenden Anweisungen anmalen?

- Der alte Mann hat ein rotes Kopftuch.
- Die Person an der ersten Stelle hat ein rot kariertes Kleid an.
- Das Kleid der Person in der Mitte hat orangefarbene Streifen.
- Das Kopftuch und die Schuhe der Person mit gestreifter Kleidung haben dieselbe Farbe wie die Streifen.
- Eine Person mit Kind hat ein grünes Kopftuch.
- Die Person vor der zweiten Person hat ein gelbes Kopftuch.
- Die Person ganz hinten hat elf kleine Punkte auf dem Kleid. Die Punkte haben die Farbe des Kopftuchs.
- Die vierte Person hat sechs große blaue Punkte auf dem Kleid.
- Der Gürtel der vierten Person hat dieselbe Farbe wie ihr Kopftuch.
- Die Gürtel der zweiten und der fünften Person sind lila.
- Eine Person hat ein lila kariertes Kopftuch.
- Die Frau neben der Frau mit dem Baby hat grüne Schuhe.
- Die Schuhe der vordersten Person haben dieselbe Farbe wie das Kleid.
- Ein Mann ohne Kind hat lila Schuhe.
- Wessen Gürtel kannst du gelb anmalen?
- Wessen Schuhe kannst du braun anmalen?
- Für wessen Kleid darfst du dir eine Farbe aussuchen?

Wenn dir die Farben vor Augen flimmern und du die Lösung auf diese Fragen suchst, sieh auf S. 37 nach.

Du schaust zu Josua. Auch in seinem Gesicht sind die Freude und Erleichterung zu sehen: „Gott ist ein Gott, der rettet und versorgt. Er hat uns in Ägypten beschützt, durch die Wüste geführt und ist hier bei uns, am Gottesberg!"

Ob das Volk sich das nun für immer merken wird? Auf jeden Fall freuen sich die Menschen über das Wasserwunder. Ob das Wasser im Land Kanaan ähnlich frisch sprudeln wird? Mit tausend Fragen im Kopf stellst du dich an, um auch deinen Schlauch wieder zu befüllen.

Während du in der Schlange stehst, löst du noch schnell dieses Rätsel:

1		3	
4	3		1
	4	1	2
2			3

In jeder Zeile, in jeder Spalte und in jedem der vier dick umrandeten Quadrate soll jede Zahl von 1 bis 4 genau einmal vorkommen. Kannst du die leeren Kästchen füllen?

Wenn du deine Lösung überprüfen willst: S. 34 hilft dir weiter.

Von dir aus könnte es nach diesem fünften Kapitel bald nach Kanaan gehen, damit du endlich die Möglichkeit bekommst, einen Weg zurück in deine eigene Zeit zu suchen. Aber von diesem Ziel ist hier weit und breit noch nichts zu sehen.

6. KAPITEL,

in dem Gott eine besondere
Freundschaft – seinen Bund – anbietet.

Das Land Kanaan und auch dein Zuhause scheinen nach wie vor un-erreichbar. Aber es wird hier in dieser fremden Zeit wenigstens nicht langweilig. Da schlägst du morgens die Augen auf deiner Schlafmat-te auf und schon beginnen die nächsten Abenteuer mit Mose und Aaron, Mirjam und Josua.

Heute bist du aufgewacht und hast als Erstes gehört: Mose ist auf dem Weg Richtung Berg. Hier wird er vor Gott treten!

Mit welchen Botschaften wird er wohl vom Gottesberg zurück-kommen? Für den Moment und für dich heißt es nur: Warten. Du schaust dich um. Du siehst die Zelte der vielen Familien, Zäune für die Tiere, Feuer-stellen und dazwischen Kinder, die mit kleinen Steinchen spielen.

Welch ein Durcheinander. Wie soll man denn hier den Überblick behalten? Finde die Zahlen, die sich im Bild versteckt haben! Ordne sie von klein (links) nach groß (rechts) zu einer Seitenzahl! Dort geht die Geschichte für dich weiter. Du kannst keine Zahl entdecken?
Auf S. 46 bekommst du einen Tipp.

Schon oft hat sich Mose über das Volk geärgert. Aber so enttäuscht und wütend wie nach diesen vierzig Tagen war er noch nie. Er reißt das goldene Kalb vom Sockel. Mit dem dicken Schmiedehammer von Aaron schlägt er wieder und wieder auf die Statue ein.

Musik, Tanz und Gesang enden. Keiner wagt es, zu sprechen.

„Feuer!" Mose schreit es direkt als Befehl zu seinem Bruder. So hast du ihn noch nie erlebt. Aaron eilt zur letzten Glut des Feuers, in dem er den Schmuck für die Statue geschmolzen hat. Als die Flammen wieder lodern, sorgt Mose dafür, dass die gesamte Statue im Feuer verschwindet und schmilzt. Erst am nächsten Tag werden die Flammen kleiner. Und als nur noch Asche übrig ist, zerstampft Mose sie zu Staub. Den Staub streut er in Wasser und gibt es den Menschen zu trinken.

Seine Wut ist immer noch groß.

Und trotzdem hat er seinen Auftrag nicht vergessen. Er will sich für das Volk bei Gott entschuldigen und steigt noch einmal auf den Berg.

Als Mose vom Berg zurückkommt, ruft er alle zusammen. „Gott ist ein treuer Gott. Obwohl ihr euch so verhalten habt, will er an seinem Bund mit euch festhalten. Wer einsieht, dass es falsch war, dieses goldene Kalb zu feiern, kann weiter mit uns kommen. Gott steht zu seinem Versprechen. Er bringt uns nach Kanaan."

Dann nimmt Mose Stoffbahnen, lange Holzpflöcke und Seile. Etwas abseits vom Lagerplatz baut er ein besonderes Zelt auf. „Das ist das Zelt der Begegnung", erklärt er, als es steht, und geht hinein.

Das ganze Volk schaut Mose nach. Kaum ist er in dem Zelt verschwunden, kommt die Wolkensäule etwas tiefer und du weißt: Gott ist da – auch wenn du ihn nicht siehst –, und er spricht mit Mose. Du traust dich nur, aus der Ferne zuzugucken, aber Josua geht ebenfalls in das Zelt.

Wie würde dein Begegnungszelt aussehen, wenn du Gott treffen könntest? Male es auf diese Doppelseite! Welche Farben hat dein Zelt? Hat es Fenster? Ist die Tür offen oder geschlossen? Wie sieht es um das Zelt herum aus? Wenn deine Zeichnung fertig ist, blättere auf die nächste Seite und entdecke, welchen Auftrag Mose als Nächstes bekommt.

„Es gibt einen neuen Auftrag!" Mirjam weckt dich mit dieser Nachricht. Es ist noch früh am Morgen. Mose ist zu den Felsen gegangen, neben denen kurz zuvor noch das große Feuer gelodert hatte, und hat sich Werkzeug mitgenommen. Gemeinsam mit Mirjam machst du dich auf den Weg, um zu sehen, was dort vor sich geht.

Im Lager ist alles noch ruhig; zwischen den Zelten ist nur das Meckern von Ziegen zu hören, die gefüttert werden wollen. Aber von den Bergen hallt ein klirrendes Hämmern wider. Mose hat Hammer und Meißel in den Händen. Er formt damit aus Felsenstücken zwei große Steintafeln. „Gott will uns seine Gebote noch einmal geben", erklärt Mose, als er an Mirjam und dir vorbei zum Berg Sinai geht. Es soll also neue Steintafeln geben? Du erinnerst dich nur zu gut an die Splitter, die von den letzten Tafeln übrig geblieben sind ...

Es war sicherlich nicht einfach, aus den Felsen zwei Tafeln zu schlagen. Da hast du es schon leichter. Trenn diese Seite aus dem Buch und versuche, die beiden Tafeln zurechtzureißen. Sie dürfen ruhig einen fransigen Rand haben!

Und wenn du alles erledigt hast, bewahre diese Tafeln gut auf. Auf S. 107 geht es für dich und das Volk Israel weiter.

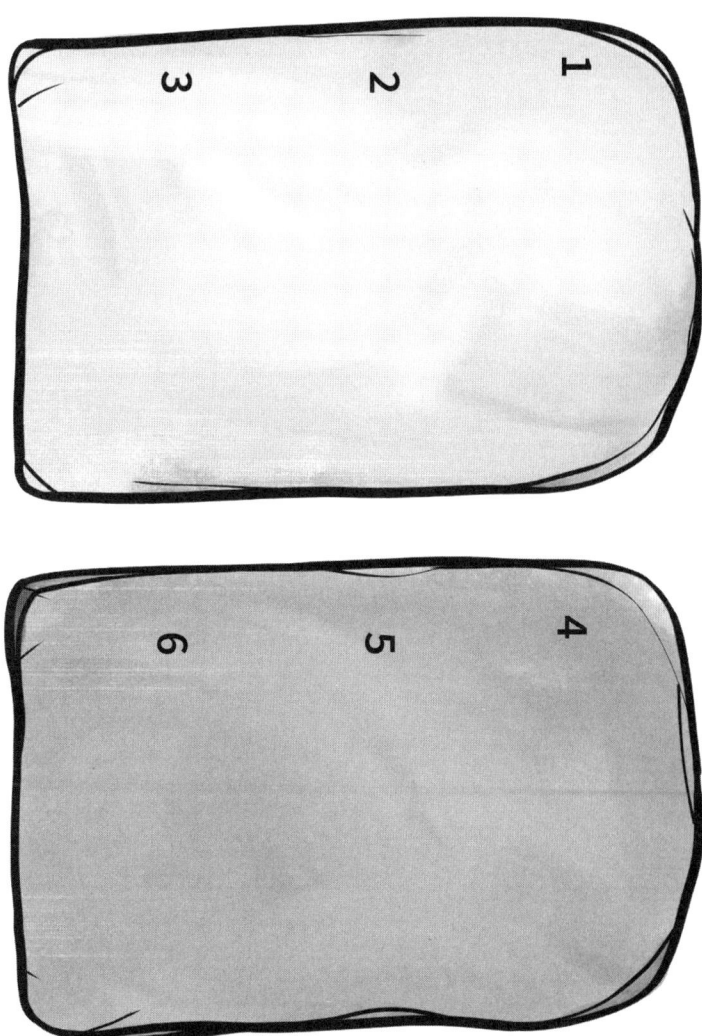

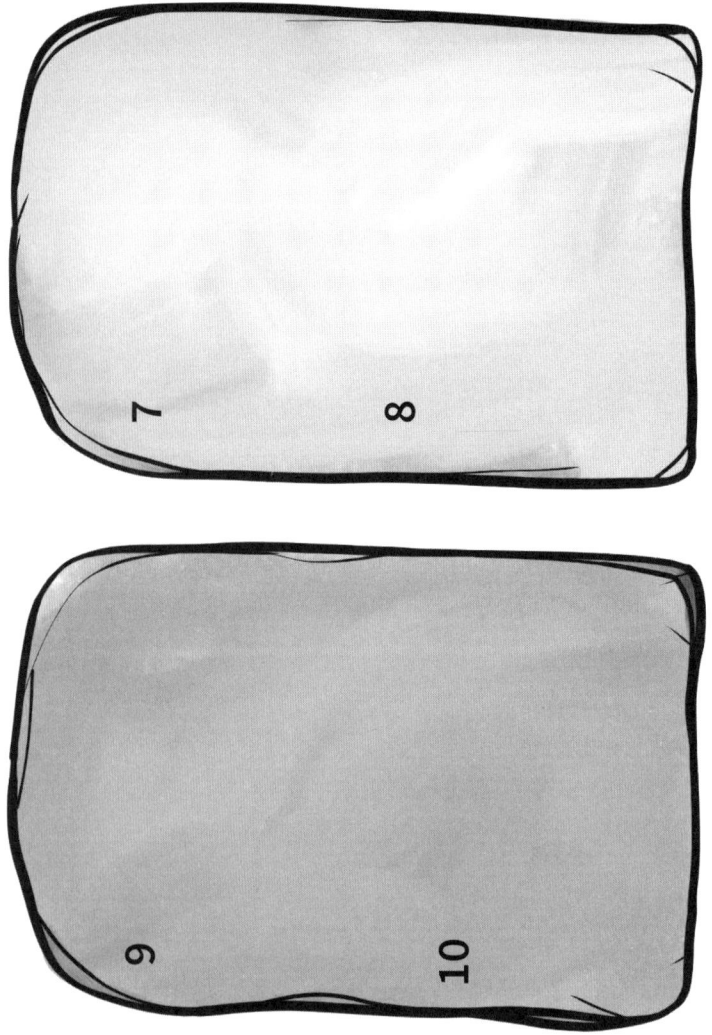

8. KAPITEL,

in dem das versprochene Land erkundet wird und die Reise nach Hause anfängt.

An diesem Morgen ist etwas anders. Ist der Himmel etwas blauer? Leuchten die Hügel in der Ferne, in diesem Land Kanaan grüner? Zirpen die Grillen fröhlicher?

Mose spricht mit Josua und elf weiteren Männern. „Wir haben unser Lager hier in der Nähe der Grenze aufgeschlagen. Ihr wisst, es ist nicht weit bis in das versprochene Land. Ihr zwölf sollt alles erkunden: Wie ist das Land? Gibt es gute Früchte und frisches Wasser? Was müssen wir wissen, um dieses Land für uns zu erobern?"

Erobern? Das klingt ja schon wieder gefährlich. Aber Josua nickt dir zu. „Wir schauen uns erst mal in Ruhe um. Und du kommst dieses Mal mit!"

Du sollst mit? Zusammen mit den Kundschaftern und Josua in das Land, das Gott versprochen hat? Aber was wäre die Alternative? Mit dem Volk so lange in der Wüste zu warten? Nein, gewartet hast du in der letzten Zeit genug. Du gehst mit!

Was ihr wohl erleben werdet? Genau wie die anderen Kundschafter packst du dir einen Beutel mit einem kleinen Vorrat. In deinem Zelt findest du alles, was du mitnehmen willst.

Einiges hat sich hier inzwischen angesammelt. Sogar Gegenstände, die aus einer anderen Zeit kommen! Wie viele Dinge gehören nicht hierher?

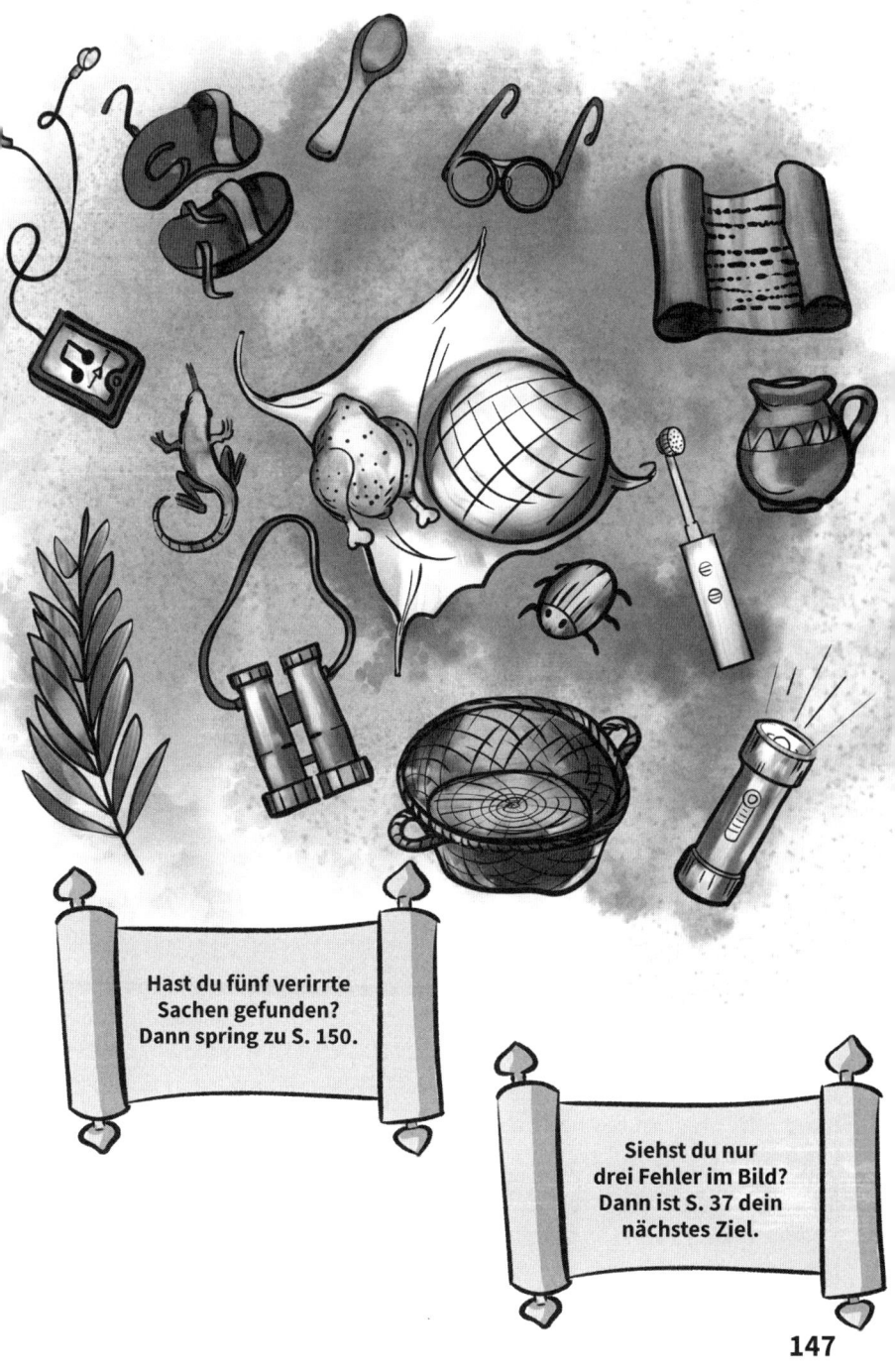

Hast du fünf verirrte
Sachen gefunden?
Dann spring zu S. 150.

Siehst du nur
drei Fehler im Bild?
Dann ist S. 37 dein
nächstes Ziel.

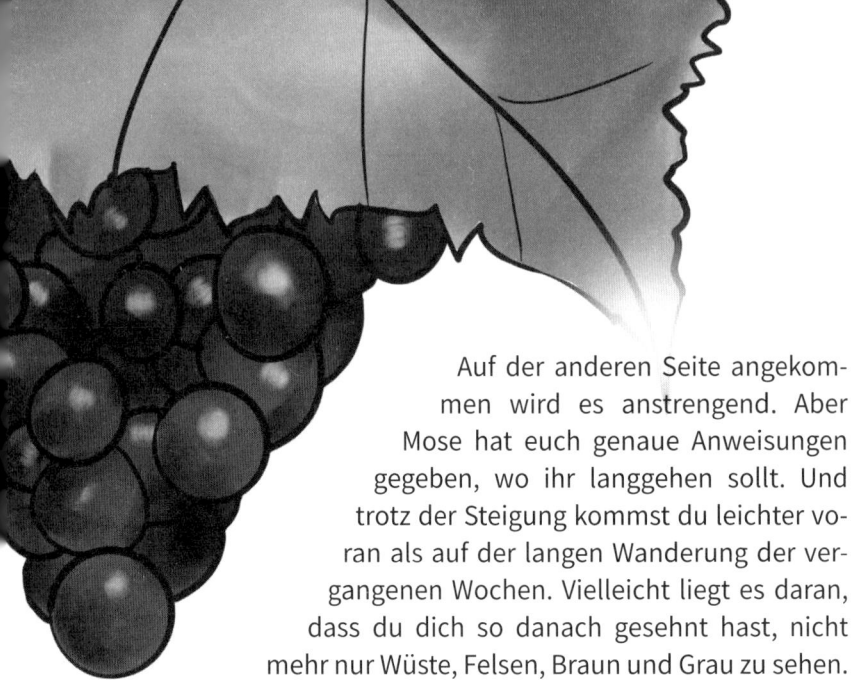

Auf der anderen Seite angekommen wird es anstrengend. Aber Mose hat euch genaue Anweisungen gegeben, wo ihr langgehen sollt. Und trotz der Steigung kommst du leichter voran als auf der langen Wanderung der vergangenen Wochen. Vielleicht liegt es daran, dass du dich so danach gesehnt hast, nicht mehr nur Wüste, Felsen, Braun und Grau zu sehen.

Ihr wandert vorbei an breiten Hängen von Olivenbäumen. Granatäpfel und Feigen leuchten zwischen grünen Zweigen. Außerdem sind die ersten Trauben reif, die groß und saftig an den Reben hängen. „Davon müssen wir etwas mit zurück zum Volk nehmen!" Josua nickt Kaleb zu.

Der scheint ein mutiger junger Mann zu sein. Die Strapazen der Wanderung machen ihm offensichtlich wenig aus und er lächelt ähnlich häufig wie Josua. „Ja, wenn sie erstmal hören, wie wunderschön es hier ist, und wenn sie diese Früchte sehen, werden sie glauben, dass es hier tatsächlich alles gibt, was wir brauchen, und noch viel mehr. Wir werden ihnen sagen, dass hier Milch und Honig fließen. Das werden sie verstehen und dann werden sie nicht mehr daran zweifeln, dass Gott Gutes für uns vorbereitet hat!"

Das sieht jemand hinter euch ganz anders. „Na ja, hier ist es schön und gut, aber was ist mit den Riesen?" Du hast den Kundschafter noch nicht kennengelernt, der ein bisschen keucht, während er flüstert. Er fuchtelt mit den Händen, um deutlich zu machen, dass ihr euch hinter den dichten Büschen ducken sollt. Denn gar nicht weit davon tragen zwei Männer ihre Ernte vorbei.

Sie sehen wirklich groß aus. Und stark. Josua und Kaleb sind offensichtlich nicht beeindruckt, aber die anderen zehn schütteln die Köpfe. Sie scheinen all ihren Mut verloren zu haben. „Leute, das wird nichts, dieses Volk hier ist stärker als wir! Und schaut euch mal da hinten die Stadt an! Habt ihr die Mauern gesehen?"

Finde die Worte Feigen, Weintrauben, Mandeln, Oliven, Pistazien und Datteln im Buchstabengitter! Hilfe bekommst du auf S. 86.

X	V	A	M	Ü	O	R	B	M	N	T
S	D	B	A	X	M	D	G	F	E	M
W	E	I	N	T	R	A	U	B	E	N
D	L	Ö	D	N	Ä	T	V	A	D	T
J	Ö	T	E	V	T	T	F	U	W	B
M	L	Y	L	Z	B	E	E	O	P	K
A	Q	F	N	M	O	L	I	V	E	N
E	U	I	P	Ü	C	N	G	A	X	K
P	I	S	T	A	Z	I	E	N	I	O
Q	S	T	Y	R	M	B	N	L	Ö	P

Du richtest deinen Blick in die Ferne zu S. 152.

Nachdem du alle falschen Gegenstände aus deinem Zelt entfernt und dir etwas zu essen eingepackt hast, machst du dich mit den Kundschaftern auf den Weg.

Wasser! Nach der langen Zeit in der staubigen und felsigen Wüste kommt es dir vor wie eine Ewigkeit, seit du das letzte Mal einen Fluss gesehen hast. Am Ufer wachsen Gras und grüne Büsche, Sträucher mit saftigen Blättern und sogar kleine Bäume. In der Ferne leuchten Hügel in sattem Grün. Wie gut das tut, nicht mehr nur Braun zu sehen!

„Das ist der Jordan." Josua nimmt einen dicken Flusskiesel aus dem Wasser. „Im Moment ist er nicht besonders tief. Wir können gut über die einzelnen Steine ans andere Ufer balancieren. Schon in wenigen Wochen kann das hier ganz anders aussehen, wenn es wieder mehr Regen geben wird. Aber Gott hat uns durch das Schilfmeer geführt, da wird er auch eine Lösung finden, uns mit den Kindern, den Älteren, mit den Tieren und all unserem Hab und Gut sicher durch den Jordan zu leiten. Selbst, wenn das Wasser steigt."

Über welche Steine balancierst du, um den Fluss zu durchqueren? Zeichne deinen Weg ein! Auf S. 148 geht es danach weiter.

Du kannst die Angst der zehn Kundschafter gut verstehen, aber gleichzeitig ist in der letzten Zeit so viel Überraschendes passiert. So viele Erlebnisse mit einer guten Wendung liegen hinter euch und du willst mit Josua und Kaleb mutig nach vorne schauen. Du hast erfahren, wie Gott das Leben von Josua, Mose, Mirjam, Aaron und dem Volk begleitet hat. Aus Ägypten heraus, durch die Wüste, bis zu diesem Land, das er dem Volk versprochen hat.

Götzen aus Gold und Stein, noch so große Pharaonen oder starke Riesen – sie alle können nichts ausrichten gegen Gott, der seine Versprechen hält! Du machst dich mit der kleinen Truppe auf den Weg Richtung Stadt. Ihr schiebt euch eng an der Stadtmauer entlang. Aus der Ferne habt ihr bereits beobachtet, wie oben auf den Mauern Wachen hin und her gehen und die Umgebung im Blick behalten.

Kein Feind würde einen Angriff wagen, um das Land zu erobern. Wie soll das Volk Israel nur in dieses Land einziehen?

Josua sieht deinen fragenden Blick und flüstert dir ins Ohr: „Der große und lebendige Gott hat uns aus Ägypten geführt. Er hat uns in der Wüste vor Feinden beschützt und unseren Hunger und Durst gestillt. Er hat einen Bund mit uns geschlossen. Da wird er es auch möglich machen, dass wir eine Stadtmauer überwinden. Dank Gottes Kraft können sogar die stärksten Mauern zusammenfallen."

In diesem Moment muss der Wachmann über dir auf der Stadtmauer einen Stein losgetreten haben. Du schaust nach oben und siehst nur noch, wie dieser auf dich zugesaust kommt. Das geht so schnell, dass du nicht ausweichen kannst.

„Au!" Du reibst dir die Stirn. Das hat wehgetan. Offenbar wurdest du durch den Aufprall zu Boden gerissen. Der Stein liegt neben dir auf dem Gehweg. Dem Gehweg? Und warum ist dir plötzlich so kalt?

Du standest doch gerade noch an der Stadtmauer im Land Kanaan. Da war Josua. Und diese Wache über euch. Dir wird schwindelig und du siehst alles ein bisschen verschwommen.

Um dich herum hörst du aufgeregte Stimmen. Zwei Männer in blauen Latzhosen schauen dich besorgt an.

Du willst ihnen alles erklären und fängst an von Ägypten, dem Pharao, Josua, Mirjam, Mose, Aaron und Gottes Hilfe und kannst selbst kaum glauben, was du in der letzten Zeit alles erlebt hast. Die Männer schütteln immer energischer den Kopf.

„Der Stein muss dich ja ordentlich erwischt haben. Am besten nix wie heim mit dir! Und da ruhste dich erstmal ordentlich aus! Unser Ägyptenplakat kannste dir auch morgen noch durchlesen. Das hängt jetzt ne Weile. Und in die Ausstellung biste dann eingeladen. Umsonst quasi. Kleine Entschädigung für die steinerne Kopfnuss.“

Nichts wie heim? Das hört sich großartig an! Du reibst dir den Kopf. Von ägyptischen Pyramiden, Sand und Staub hattest du in der letzten Zeit sowieso genug. Du kannst es kaum erwarten, deine Familie und Freunde wiederzusehen. Bestimmt kommen sie aus dem Staunen nicht mehr heraus, wenn du ihnen von deinem Abenteuer erzählst. Wer weiß, vielleicht wollen sie ja beim nächsten Mal unbedingt auch mit dabei sein …

In der Zwischenzeit denk immer daran: Gott bleibt an deiner Seite, um dir zu helfen. Auch dann, wenn keine Wolken- oder Feuersäule zu sehen ist. Du kannst ihm immer vertrauen!

Für heute möchte ich mich von dir verabschieden und sage: Herzlichen Dank für die gemeinsame Reise mit Mose, Aaron, Mirjam und Josua durch die Wüste!

Manchmal brauchen wir eine kleine Erinnerung daran, dass Gott bei uns ist und seine Versprechen hält. Was könnte dir dabei helfen? Schreib oder mal hier auf, was du nicht vergessen möchtest!

Herzlich willkommen zu Hause!

Wir können wirklich feiern, dass du heil wieder von deiner Reise zurückgekommen bist. Hoffentlich hattest du in der Wüste auch Spaß an den überstandenen Abenteuern! Wenn du Lust auf ein Ägypten-Fest hast, könntest du deine Familie und Freunde einladen. Ideen für die Feier findest du ab S. 73.

Entdecke auch Band 1